Carmina Amoris

Liber Primus

A Tiered Reader. Vol. 1

Robert Amstutz

D1404235

For students of Latin. May this book help you find an easier path to enjoying these great Latin works.

ACKNOWLEDGMENTS

Thank you, kind reader, for opening this book. I will understand if you read no further, but I must thank some people. Thank you to the love of my life, Jennifer Sullivan, and our son Seneca, for putting up with me spending time away from you as I messed around with Latin poetry. Thank you to Dr. Craig Bebergal, and Dr. Kevin Oliver without you two I may not have found my way to being the kind of Latin teacher I am. And thank you to all of the other Latin teachers that have helped me along my path: Bob Patrick, John Piazza, Justin Slocum-Bailey, Lance Piantaggini, Eleanor Arnold, Diane Warren-Anderson, Sara Cain, and everyone that has written a novella, run a podcast, sung a beautiful song Latine, or even just taken your time to speak to me for a few minutes in Latin. I needed that input. Gratias maximas vobis ago.

All errors found within this book should be attributed to me alone.

Preface:

Preface to teachers:

Here's what you will find in the book:

- Tiered reading for every poem in the book.
- A series of comprehension questions that model themselves on previous IB questions, or that elicit more discussion from students.
- A glossary containing nearly every word used throughout each poem.

The chief goal of this book is to help make reading the classics more comprehensible for students. To that end, this book includes tiered readings for each of the poems on the IB syllabus for Love Poetry testing in 2019-2022.

I first learned about tiered readings when I stumbled on Project Arkhaia's Operation Caesar reading list for AP Latin. My students took to those readings and did much better than when we covered the lines and drilled the grammar. That's when I knew that ensuring students receive comprehensible input in the language classroom is the surest way to help them acquire the language.

Having said all of that, here is how the tiered readings in this book work:

- Carmen Ipsum- is always the unaltered text itself.
- The next tier down from that, either 3 or 2, alters the word order so that it is more readable for students.
- The next tier down from that, either 2 or 1, switches less commonly seen words for more common words.
- The next tier down further reduces the complexity of the language in an attempt to bring the level of the reading down to perhaps a summary so that students will have a

basic understanding of the poem before reading more challenging tiers.

- Students start at the lowest tier, and read through to the poem itself.

You can always further reduce the complexity of the text to try to make it even more approachable for any of the students in your class. By creating the tiers, I have pretty much destroyed the artistry inherent in the poems. This was purposefully done to make the text more comprehensible. Where the artistry has been destroyed, however, is a great place to begin a class discussion on why the poet wrote the poem in such a way.

This book also contains questions for reading comprehension and deeper analysis for each of the poems included herein. Although this book is in no way related to International Baccalaureate, I have created this for my students to have a workbook of sorts to go along with the IB love poetry syllabus testing in years 2019-2022. Look for an announcement concerning the other themes in the future.

Preface to students:

Hi. Thank you for reading this. My hope is that you will find the way I have adapted the poems collected herein more readable than if you were reading them with glossed notes typically found in student readers. As you move through the tiers from easier to more complex, I hope you pay attention to the words that the poets have chosen to use and the order in which they have written them. I have purposefully ruined their hard work to make your life a little easier when it comes to understanding the poems in Latin. Please make sure you put the effort into understanding the poem as it was meant to be understood, because if you can, man do you have a treat waiting for you.

Special note regarding one of the question types you will see. IB has been inconsistent when asking students to identify figures of speech, rhetorical techniques, literary art etc. So, when you see it asking for figures of speech, remember it means all of the above things.

Catullus 2

Tier 1

Parva avis est. Avis meae puellae est. Puella mea cum ave saepe ludit. Puella mea avem in sinu suo saepe tenet.

Si avis os suum aperit, puella mea digitum suum in ore avis saepe ponit. Avis digitum eius mordet.

Hoc est cum id placet meae puellae iocari carum ludum et parvum solacium sui doloris.

Credo ut tum ardor gravis puellae dormit: volo ludere tecum sicut mea domina. Volo levare tristis curas animi.

Tam gratum est mihi quam dicunt malum Atalantae fuisse, malum quod soluit zonam (girdle) diu ligatam. (long tied)

Catullus 2 Tier 2

Passer (sparrow), avis meae puellae, cum quo illa ludere solet, quem illa in sinu suo tenere solet,

cui, ore aperto, illa primum digitum dare solet et acris morsus (bites) incitare solet, cum placet meae puellae iocari aliquid carum et parvum solacium sui doloris, credo ut tum gravis ardor acquiescat:

volo posse tecum ludere sicut mea puella ipsa et volo posse levare tristis curas animi.

Tam gratum est mihi quam dicunt aureum malum puellae celeri fuisse, malum quod soluit zonam diu ligatam.

Catullus 2 Tier 3

Passer, deliciae meae puellae, quicum ludere (solet), quem in sinu tenere (solet), cui appetenti primum digitum dare (solet) et acris morsus incitare solet, cum lubet desiderio meo nitenti iocari nescioquid carum et solaciolum sui doloris, credo ut tum gravis ardor acquiescat: possem tecum ludere sicut ipsa et levare tristis curas animi.

Tam gratum est mihi quam ferunt aureolum malum puellae pernici fuisse, (malum) quod soluit zonam diu ligatam.

Catullus 2 Carmen ipsum

Passer, deliciae meae puellae,
quicum ludere, quem in sinu tenere,

cui primum digitum dare appetenti

et acris solet incitare morsus,

cum desiderio meo nitenti   5

carum nescio quid lubet iocari

et solaciolum sui doloris,

credo ut tum gravis acquiescat ardor:

tecum ludere sicut ipsa possem

et tristis animi levare curas!   10

Tam gratum est mihi quam ferunt puellae   2b

pernici aureolum fuisse malum,

quod zonam soluit diu ligatam.

Questions for Catullus 2

1. Summarize the poem.
2. Discuss how this poem fits with themes typical of Roman love poetry.
3. Identify two figures of speech used in this poem. Quote the Latin that supports your answer.
4. Outline the relationships within the poem.
5. How does the ambiguous nature of line 5 work within the poem?
6. Analyze the poem for language that helps us interpret it as a love poem.

Catullus 13

Tier 1

Mi Fabulle, cenam (dinner) bonam habebis apud villam meam in paucis diebus, si di te amant, si tecum portabis bonam magnamque cenam, et si feres candidam puellam, et si feres vinum salemque et si feres cachinnos (hahahae).

Dico, si haec ad villam meam portabis, cenam bonam habebis; nam sacculus tui Catulli vacuus est.

Sed dabo tibi veros amores vel dabo id quod suavius elegantiusve est: nam dabo tibi unguentum (perfume), quod Venus Cupidoque puellae meae dedit.

Unguentum quod cum tu olfacies (smell), rogabis deos ut te faciant totum nasum.

Catullus 13 Tier 2

Mi Fabulle, cenabis bene apud me paucis diebus, si tibi di favent, si tecum attuleris bonam atque magnam cenam, non sine candida puella, et vino et sale et omnibus cachinnis.

Inquam, si haec attuleris, venuste noster, cenabis bene; nam sacculus tui Catulli plenus aranearum est.

Sed contra accipies meros amores seu quid suavius elegantiusve est: nam dabo unguentum, quod veneres cupidinesque donarunt meae puellae, quod tu cum olfacies, deos rogabis ut te, Fabulle, totum nasum faciant.

Catullus 13 Carmen ipsum

Cenabis bene, mi Fabulle, apud me

paucis, si tibi di favent, diebus,

si tecum attuleris bonam atque magnam

cenam, non sine candida puella

et vino et sale et omnibus cachinnis.   5

haec si, inquam, attuleris, venuste noster

cenabis bene; nam tui Catulli

plenus sacculus est aranearum.

sed contra accipies meros amores

seu quid suavius elegantiusve est: 10

nam unguentum dabo, quod meae puellae

donarunt Veneres Cupidinesque,

quod tu cum olfacies, deos rogabis

totum ut te faciant, Fabulle, nasum.

Questions for Catullus 13:

1. Summarize the poem.
2. Discuss how this poem fits with themes typical of Roman love poetry.
3. Identify two figures of speech in this poem and explain how they contribute to the tone of the poem. Quote the latin that supports your answer.
4. Describe the requirements for *Fabullus* to dine well.
5. Identify and explain a figure of speech at use in line 5.
6. Identify what we learn about Catullus in lines 7-8. Quote the Latin that supports your answer.
7. Identify the use of hyperbaton in line 14.

Catullus 35

Tier 1

Papyre, dic meo amico, poetae Caecilio, "veni Veronam. Abi a moenibus Novi Comi litoreque Larium."

Nam volo ut Caecilius accipiat paucas sententias amici sui meique.

Itaque, si Caecilius scit id quod optimum est, Caecilius curret, quamquam puella pulchra eum retinet, manibus circum collum eius, rogans Caecilium remanere.

Puella quae nunc, si ego recte audio, Caecilium nimis multum amat.

Nam cum puella legit poemata 'Dominam Dindymi,' poemata quae imperfecta est, ex eo tempore ignes in corde misellae puellae ardebunt.

Ignosco tibi (I forgive you), puella doctior quam Sapphica musa; magna mater Caecilii est venuste (charmingly) imperfecta.

Catullus 35 Tier 2

Papyre, dic poetae tenero, meo amico Caecilio ad Veronam veniat, relinquens moenia Novi Comi litusque Larium.

Nam volo ut Caecilius accipiat quasdam cogitationes amici sui meique.

Itaque, si Caecilius sapiet, viam vorabit, quamquam puella pulchra eum revocet milies (iterum et iterum x mille), iaciens manus ambas circum collum eius roget Caecilium remanere.

Puella quae nunc, si vera mihi nuntiantur, Caecilium nimis multum amat.

Nam tempore quo puella legit poemata 'Dominam Dindymi' sine fine, ex eo tempore ignes edunt interiorem medullam (marrow) misellae puellae.

Ignosco tibi, puella doctior Sapphica musa; magna mater Caecilio est venuste sine fine.

Catullus 35 Tier 3

Papyre, velim dicas poetae tenero, meo sodali Caecilio Veronam veniat, relinquens moenia Novi Comi litusque Larium.

Nam volo accipiat quasdam cogitationes amici sui meique.

Quare, si sapiet, viam vorabit, quamvis candida puella (eum) euntem revocet milies, iniciensque manus ambas collo roget morari.

(puella) quae nunc, si vera mihi nuntiantur, illum deperit impotente amore.

Nam tempore quo legit incohatam dominam Dindymi, ex eo (tempore) ignes edunt interiorem medullam misellae (puellae).

Ignosco tibi, puella doctior Sapphica musa; est enim magna mater Caecilio venuste incohata.

Catullus 35 Carmen Ipsum

Poetae tenero, meo sodali,
velim Caecilio, papyre, dicas
Veronam veniat, Noui relinquens
Comi moenia Lariumque litus.
nam quasdam volo cogitationes   5
amici accipiat sui meique.
quare, si sapiet, viam vorabit,
quamvis candida milies puella
euntem revocet, manusque collo
ambas iniciens roget morari.   10
quae nunc, si mihi vera nuntiantur,
illum deperit impotente amore.
nam quo tempore legit incohatam
Dindymi dominam, ex eo misellae
ignes interiorem edunt medullam.   15
ignosco tibi, Sapphica puella
musa doctior; est enim venuste
Magna Caecilio incohata Mater.

Questions for Catullus 35

1. Summarize the poem.
2. Discuss how this poem fits with themes typical of Roman love poetry.
3. Identify two figures of speech in lines 1-6. Quote the latin that supports your answer.
4. Explain how Catullus is using the following figures of speech in this poem, cite the Latin to support your answer:
   - Personification
   - Alliteration
   - Hyperbole
   - Metaphor
   - Assonance
5. Where is Verona located in relation to Rome, and what is its importance to Catullus?
6. What are *Novus Comus* and *Litus Larium*?
7. What is *Dindymon* and where is *Dindymon* located? What does *Dindymon* have to do with the reference "magna...mater" in the final line of the poem?
8. To whom does *Sapphica* refer, and what is their importance?

Catullus 40

Tier 1

Miselle Ravide, quod malum agit te currere in meos iambos? (iambs in English)

Qui deus, male invocatus a te, parat insanam pugnam?

Ut sis in lingua omnium? Quid vis? Optas esse famosus qualubet? (in any way possible)

Eris famosus, cum volueris amare meum amorem cum longa poena.

Catullus 40 Tier 2

Miselle Ravide, quaenam mala mens te praecipitem agit in meos iambos?

Quis deus non bene advocatus tibi parat excitare vecordem rixam?

An ut pervenias in ora vulgi? Quid vis? Optas esse notus qualubet?

Eris, quandoquidem voluisti amare meos amores cum longa poena.

Catullus 40 Carmen Ipsum

Quaenam te mala mens, miselle Ravide,
agit praecipitem in meos iambos?
quis deus tibi non bene advocatus
vecordem parat excitare rixam?
an ut pervenias in ora vulgi?   5
quid vis? qualubet esse notus optas?
eris, quandoquidem meos amores
cum longa voluisti amare poena.

Questions for Catullus 40

1. Summarize the poem.
2. Discuss how this poem fits with themes typical of Roman love poetry.
3. Identify two figures of speech used in this poem and describe their effect on the poem.
4. Outline Catullus's portrayal of *Ravidus*.
5. Define '*iambos*' as it is used in this poem.

Catullus 51

Tier 1

Ille vir videtur mihi esse aequus deo,

ille, si possum id dicere, esse maior quam deos,

is qui sedet contra te, et spectat et audit te iterum iterumque dulce ridentem,

id quod eripit omnes sensus mihi:

nam simul vidi te, Lesbia, nihil est mihi,

Sed lingua mea nihil sentit, tenuis flamma per membra mea it,

Aures meae tintinat sonitu suo (with their own sound), oculi mei nihil vident.

Otium (idleness) est molestum tibi, Catulle: in tempore otii tu exultas nimis multum et vis nimis multum:

Otium et prius reges et laetas urbes perdidit.

Catullus 51 Tier 2

Ille videtur mi esse par deo, ille, si fas est, superare divos,

Qui sedens adversus spectat et audit te identidem dulce ridentem,

Quod eripit omnis sensus misero mihi:

Nam simul aspexi te, Lesbia, nihil est super mi,

Sed lingua torpet, tenuis flamma sub artus
demanat,

Aures tintinant sonitu suopte, lumina teguntur
gemina nocte.

Otium est molestum tibi, Catulle: exultas
nimiumque gestis otio:

Otium et prius reges et beatas urbes perdidit.

Catullus 51 Carmen Ipsum

Ille mi par esse deo videtur,
ille, si fas est, superare divos,
qui sedens adversus identidem te
    spectat et audit
dulce ridentem, misero quod omnis 5
eripit sensus mihi: nam simul te,
Lesbia, aspexi, nihil est super mi

----

lingua sed torpet, tenuis sub artus
flamma demanat, sonitu suopte   10
tintinant aures, gemina teguntur
    lumina nocte.

otium, Catulle, tibi molestum est:
otio exsultas nimiumque gestis:
otium et reges prius et beatas   15
  perdidit urbes.

Questions for Catullus 51

1. Summarize the poem.
2. Discuss how this poem fits with themes typical of Roman love poetry.
3. Identify the person to whom this poem is likely addressed and give one detail not found in this poem about said person.
4. Outline the physical effects that Catullus describes feeling in this poem. Support your answer by giving three examples from the Latin text.
5. Identify three figures of speech used in this poem. Support your answer by quoting the Latin text.
6. Identify a theme in this poem typical of Catullus's poetry to Lesbia.
7. Read Sappho 31 translated and contrast the two poems. Why did Catullus make the changes he made?

Catullus 62

Tier 1 1-10

(pueri dicunt) Iuvenes, vesper adest, surgite:
Vesper tandem tollit Olympo diu expectata
lumina. (here actually meaning light)

Iam est tempus surgere, iam est tempus discedere
a mensis plenis ciborum, iam virgo veniet, iam
hymenaeus dicetur.

O Hymenaee Hymen, veni o Hymenaee Hymen!

(puellae dicunt) Virgines, cernitis iuvenes?
Consurgite contra (opposite them);

Sine dubio certe est, noctifer (bringer of night)
ostendit Oetaeos[1] ignes.

Videsne quam perniciter (nimbly) exsiluerunt?
Non exsiluerunt sine causa, par est nobis vincere
id quod canent.

O Hymenaee Hymen, veni o Hymenaee Hymen!

Catullus 62 Tier 2 1-10

Iuvenes, vesper adest, consurgite: Vesper vix
tandem diu expectata lumina tollit Olympo.

---

[1] Named for Mt. Oeta near Thassaly. Hercules was burned here.

Iam tempus surgere, iam linquere pinguis mensas,
iam virgo veniet, iam hymenaeus dicetur.

O Hymenaee Hymen, ades o Hymenaee Hymen!

Innuptae, cernitis iuvenes? Consurgite contra;

nimirum sic certest, noctifer ostendit Oetaeos
ignes.

Viden ut perniciter exsiluere? Non temere
exsiluere, par est vincere quod canent.

O Hymenaee Hymen, ades o Hymenaee Hymen!

Catullus 62 Carmen ipsum 1-10

Vesper adest, iuvenes, consurgite: Vesper Olympo
exspectata diu vix tandem lumina tollit.
surgere iam tempus, iam pinguis linquere mensas,
iam veniet virgo, iam dicetur hymenaeus.
Hymen o Hymenaee, Hymen ades o Hymenaee!   5
Cernitis, innuptae, iuvenes? consurgite contra;
nimirum Oetaeos ostendit Noctifer ignes.
sic certest; viden ut perniciter exsiluere?
non temere exsiluere, canent quod vincere par est.
Hymen o Hymenaee, Hymen ades o Hymenaee!   10

Questions for Catullus 62.1-10

1. Summarize the selection.
2. Identify *Vesper* and explain its importance to the poem.
3. Identify *Hymen* and *Hymenaee* and explain why Hymen is called on.
4. Outline the speeches of the respective chorus leaders and explain their difference in tone.
5. *Olympo* (line 1), locate this mountain.
6. *Oetaeos* (line 7), locate this mountain and explain how it works as an allusion.
7. Write out and scan lines 5-6.

Catullus 62.11-19

Tier 1 11-19

(pueri dicunt) Facilis victoria non parata est nobis, amici: aspicite, puellae meditatae sunt (have practiced).

Puellae non frustra meditantur: puellae habent quod memorabile sit; nec mirum est, quia puellae tota mente diligenter laborant.

nos pueri mentes nostras alio divisimus, nos pueri aures nostras alio divisimus; scilicet non vincemus: victoria amat curam.

itaque nunc, convertite animos vestros; iam dicent, iam necesse erit nobis respondere.

O Hymenaee Hymen, veni o Hymenaee Hymen!

Catullus 62 Tier 2 11-19

Facilis palma non parata est nobis, aequales: aspicite, innuptae requirunt secum ut meditata.

non frustra meditantur: habent quod memorabile sit; nec mirum, quae penitus tota mente laborant.

nos alio mentes, alio aures divisimus; iure igitur vincemur: victoria amat curam.

quare nunc saltem convertite animos vestros; iam incipient dicere, iam decebit respondere.

O Hymenaee Hymen, ades o Hymenaee Hymen!

Catullus 62 Carmen Ipsum 11-19

non facilis nobis, aequales, palma parata est:
aspicite, innuptae secum ut meditata requirunt.
non frustra meditantur: habent memorabile quod sit;
nec mirum, penitus quae tota mente laborant.
nos alio mentes, alio divisimus aures;   15
iure igitur vincemur: amat victoria curam.
quare nunc animos saltem convertite vestros;
dicere iam incipient, iam respondere decebit.
Hymen o Hymenaee, Hymen ades o Hymenaee!

Questions for Catullus 62.11-19

1. Summarize the selection.
2. Identify two figures of speech in this extract and analyze their affect. Support you answer by quoting the Latin text.
3. Describe the reasons that the leader of the male chorus feels they are at a disadvantage.
4. Write out and scan lines 11 and 12

Catullus 62 Tier 1 20-32

(puellae dicunt) O Hespere (stella noctis), quae stella crudelior fertur in caelo?

Tu qui possis rapere filiam e complexu matris, rapere filiam retinentem matrem ex complexu matris, et donare castam puellam iuveni ardenti cupidine.

Quid crudelius hostes faciunt cum urbs capta est? O Hymenaee Hymen, veni o Hymenaee Hymen!

(pueri dicunt) Hespere, quae stella iucundior lucet in caelo? Tu qui firmes nuptias promissas tua flamma, quas viri paraverunt, quas parentes ante paraverunt, nec iunxerunt priusquam tuus ardor se abstulit. Quid optatius datur a divis laeta hora?

O Hymenaee Hymen, veni o Hymenaee Hymen!

(Puellae dicunt) Hesperus, amicae, unam puellam a nobis rapuit.

-----next 2 lines are missing-----

Catullus 62 Tier 2 20-32

Hespere, quis ignis crudelior fertur caelo?

Qui natam complexu matris avellere possis, avellere natam retinentem complexu matris, et donare castam puellam iuveni ardenti.

Quid crudelius hostes faciunt urbe capta? O
Hymenaee Hymen, ades o Hymenaee Hymen!

Hespere, quis ignis lucet iucundior caelo? qui
firmes desponsa conubia tua flamma, quae viri
pepigere, parentes ante pepigerunt, nec iunxere
prius quam tuus ardor se extulit. Quid optatius
datur a divis felici hora?

O Hymenaee Hymen, ades o Hymenaee Hymen!

Hesperus unam e nobis, aequales, abstulit.

Catullus 62 Carmen Ipsum 20-32

Hespere, quis caelo fertur crudelior ignis?   20
qui natam possis complexu avellere matris,
complexu matris retinentem avellere natam,
et iuveni ardenti castam donare puellam.
quid faciunt hostes capta crudelius urbe?
Hymen o Hymenaee, Hymen ades o Hymenaee!   25
Hespere, quis caelo lucet iucundior ignis?
qui desponsa tua firmes conubia flamma,
quae pepigere viri, pepigerunt ante parentes,
nec iunxere prius quam se tuus extulit ardor.
quid datur a divis felici optatius hora?   30
Hymen o Hymenaee, Hymen ades o Hymenaee!
Hesperus e nobis, aequales, abstulit unam.
* ---------- *
* ---------- *

Questions for Catullus 62.20-32

1. Summarize the selection.
2. Identify Hesperus.
3. Outline the different attitudes towards the evening star. Support your answer by quoting the Latin text.
4. Explain the difference in attitudes towards the evening star.
5. Identify a figure of speech from the female chorus and one from the male chorus. Support your answer by quoting the Latin text.

6. Write out and scan lines 23 and 28.

Catullus 62 Tier 1 35-50

(pueri dicunt) Custodia (guard) semper vigilat cum tu advenit, nocte fures (thieves) latent.

Fures, quos cum tu, Hespere, revertis, saepe comprendis, nomine mutato Eous (stella mane). Sed placet puellis carpere te ficto questu (complaint).

Quid tum, si puellae carpunt te quem tacita mente requirunt? O Hymenaee Hymen, veni o Hymenaee Hymen!

(puellae dicunt) Ut flos secretus crescit (grows) in hortis clausis, ignotus ovibus, tactus nullo aratro (plow), quem aurae molliter tangunt, quem sol firmat, quem imber educat;

Multi pueri illum florem optaverunt, multae puellae illum florem optaverunt:

Cum puella amisit castum florem polluto corpore, puella non pueris placet, nec puella est cara suis puellis;

O Hymenaee Hymen, veni o Hymenaee Hymen!

Catullus 62 Tier 2 35-50

Custodia semper tuo adventu vigilat, nocte fures latent, quos revertens, Hespere, saepe idem comprendis, mutato nomine Eous at lubet innuptis carpere te ficto questu.

Quid tum, si carpunt, tacita requirunt quem mente? O Hymenaee Hymen, ades o Hymenaee Hymen!

Ut flos secretus crescit in saeptis hortis, ignotus pecori, convulsus nullo aratro, quem aurae mulcent, sol firmat, imber educat;

Multi pueri illum, multae puellae optavere: idem cum carptus tenui ungui defloruit, nulli pueri illum, nullae puellae optavere: sic virgo, dum intacta manet, dum cara suis est;

Cum amisit castum florem polluto corpore, nec iucunda pueris manet, nec cara puellis.

O Hymenaee Hymen, ades o Hymenaee Hymen!

Catullus 62 Carmen Ipsum 35-50

namque tuo adventu vigilat custodia semper,   35
nocte latent fures, quos item saepe revertens,
Hespere, mutato comprendis nomine Eous
at lubet innuptis ficto te carpere questu.
quid tum, si carpunt, tacita quem mente requirunt?
Hymen o Hymenaee, Hymen ades o Hymenaee!   40
Ut flos in saeptis secretus nascitur hortis,
ignotus pecori, nullo convolsus aratro,
quem mulcent aurae, firmat sol, educat imber;
multi illum pueri, multae optavere puellae:
idem cum tenui carptus defloruit ungui,   45
nulli illum pueri, nullae optavere puellae:
sic virgo, dum intacta manet, dum cara suis est;
cum castum amisit polluto corpore florem,
nec pueris iucunda manet, nec cara puellis.
Hymen o Hymenaee, Hymen ades o Hymenaee!   50

Questions for Catullus 62.35-50

1. Summarize the selection.
2. *Eous* (line 37) Identify.
3. Analyze the simile used in the female chorus.
4. Identify two figures of speech used in this selection and explain what they add to the tone of the selection. Quote the Latin text to support your answer.
5. Write out and scan lines 41-42.

Catullus 62 Tier 1 51-61

(Pueri dicunt) Ut sola vitis (vine) quae nascitur in vacuo arvo, numquam se tollit, numquam dulcem uvam educat, sed deflectens corpus pondere grave iam tangit suum flagellem (vine shoot) radice;

Nulli agricolae hanc vitem coluerunt, nulli boves (vel iuvenes) hanc vitem coluerunt:

Sic virgo dum sine tactu manet, dum virgo inculta senescit; cum habuit maritum aequum ei maturo tempore, virgo est magis cara viro et minus invisa est parenti.

O Hymenaee Hymen, veni o Hymenaee Hymen!

Catullus 62 Tier 2 51-61

Ut vidua vitis quae nascitur in nudo arvo, numquam se extollit, numquam educat mitem uvam, sed deflectens tenerum corpus prono pondere iam iam contingit summum flagellum radice;

Nulli agricolae hanc, nulli iuvenci coluere:

At si forte eadem coniuncta est ulmo marito, multi agricolae illam, multi iuvenci coluere:

Sic virgo dum intacta manet, dum inculta senescit;
cum adepta est par conubium maturo tempore,
magis cara viro et minus invisa est parenti.

O Hymenaee Hymen, ades o Hymenaee Hymen!

Catullus 62 Carmen Ipsum 51-61

Ut vidua in nudo vitis quae nascitur arvo,
numquam se extollit, numquam mitem educat
uvam,

sed tenerum prono deflectens pondere corpus
iam iam contingit summum radice flagellum;
hanc nulli agricolae, nulli coluere iuvenci: 55

at si forte eadem est ulmo coniuncta marito,
multi illam agricolae, multi coluere iuvenci:

sic virgo dum intacta manet, dum inculta senescit;
cum par conubium maturo tempore adepta est,
cara viro magis et minus est invisa parenti.   60
Hymen o Hymenaee, Hymen ades o Hymenaee!

Questions for Catullus 62.51-61

1. Summarize the selection.
2. Analyze the simile used by the male chorus.
3. How does the simile used by the male chorus repeat and alter the simile used by the female chorus in the previous selection?
4. Discuss how the simile of the vine supports a positive conception of marriage.
5. Identify a figure of speech, aside from the simile, and analyze its affect. Support your answer by quoting the Latin text.
6. Write out and scan lines 51 and 58.

Catullus 62 Tier 1 62-69

(pueri fortasse dicunt) Et tu puella, noli pugnare cum marito. Non decet est pugnare cum eo cui pater ipse te tradidit, necesse est tibi parere parentibus.

Virginitas tua non est tota tua. Virginitas est et tua et patris tui et matris tuae.

Noli pugnare cum duobus parentibus, qui te marito simul cum dote (dowry) dederunt.

O Hymenaee Hymen, veni o Hymenaee Hymen!

Catullus 62 Tier 2 62-69

Et tu virgo, ne pugna cum tali coniuge. Non aequum est pugnare, cui pater ipse tradidit, ipse pater cum matre, quibus necesse est parere.

Virginitas non tota tua est, est ex parte parentum, tertia pars patri est, tertia pars data est matri, tertia sola tua est:

Noli pugnare duobus, qui genero iura simul cum dote dederunt.

O Hymenaee Hymen, ades o Hymenaee Hymen!

Catullus 62 Carmen Ipsum 62-69

Et tu ne pugna cum tali coniuge virgo.
non aequom est pugnare, pater cui tradidit ipse,
ipse pater cum matre, quibus parere necesse est.
virginitas non tota tua est, ex parte parentum est,   65
tertia pars patrest, pars est data tertia matri,
tertia sola tua est: noli pugnare duobus,
qui genero suo iura simul cum dote dederunt.
Hymen o Hymenaee, Hymen ades o Hymenaee!

Questions for Catullus 62.62-69

1. Summarize the selection.
2. I have attributed the last section to the males, but how does the meaning change if it is attributed to the female chorus?
3. Identify two figures of speech from this selection and quote the Latin text to support your answer.
4. Which themes are present throughout the whole poem within the male chorus?
5. Which themes are present throughout the entire poem within the female chorus?
6. Discuss how this poem fits with themes typical of Roman love poetry.
7. Write out and scan lines 65 and 67.

Catullus 67

Tier 1 1-16

O ianua quae viro placet, quae parenti placet,
salve, et Iuppiter te bona fortuna iuvet,

Ianua, quam dicunt te Balbo (pater Caecilii) bene
servisse, cum ipse senex domum habuit. Et ianua
quam dicunt iterum te filio (Caecilio) male
servisse, postquam senex mortuus est et nova uxor
hic habitat.

Dic nobis, cur dicunt te mutata fuisse et non
habuisse fidem in dominum antiquum?

(Ianua dicit) "Ita Caecilio placeam, cui nunc data
sum, culpa non est mea, quamquam dicunt culpam
esse meam. Et nemo potest dicere me aliquid male
facere:

Verum est quod populus dicit: in omnibus culpa
ianuae est, quacumque (whenever) aliquid
reperitur quod non bene factum est, omnes ad me
clamant: Ianua, culpa tua est."

Non satis est te respondere uno verbo, sed fac ut
aliquis sentiat et videat.

Catullus 67 Tier 2 1-16

O ianua iucunda dulci viro, iucunda parenti, salve,
Iuppiterque te bona ope auctet,

Ianua, quam dicunt olim benigne Balbo servisse,
cum ipse senex sedes tenuit, quamque ferunt
rursus maligne gnato, postquam facta es marita
sene porrecto.

Dic agedum nobis, quare feraris mutata et
deseruisse fidem in dominum veterem.

"Ita Caecilio placeam, cui nunc tradita sum, non
culpa mea est quamquam dicitur esse mea, nec
quisquam pote dicere quiquam peccatum a me:

Verum istius populi qui te facit, qui quacumque
aliquid non bene factum reperitur, omnes ad me
clamant: ianua, culpa tua est."

Non satis est istuc te dicere uno verbo. Sed facere
ut quivis sentiat et videat.

Catullus 67 Carmen Ipsum 1-16

O dulci iucunda viro, iucunda parenti,
    salve, teque bona Iuppiter auctet ope,
ianua, quam Balbo dicunt servisse benigne
    olim, cum sedes ipse senex tenuit,
quamque ferunt rursus gnato servisse maligne,   5
    postquam es porrecto facta marita sene.
dic agedum nobis, quare mutata feraris
    in dominum veterem deseruisse fidem.
'Non (ita Caecilio placeam, cui tradita nunc sum)
    culpa mea est, quamquam dicitur esse mea,   10
nec peccatum a me quisquam pote dicere quicquam:
    verum istius populi ianua qui te facit,
qui quacumque aliquid reperitur non bene factum
    ad me omnes clamant: ianua, culpa tua est.'
Non istuc satis est uno te dicere verbo.   15
    sed facere ut quivis sentiat et videat.

Questions for Catullus 67.1-16

1. Summarize the selection
2. If you haven't already discussed as a class the role of the door in Roman love poetry as it pertains to the *Exclusus Amator*, do so now. Also discuss whether this poem is or isn't a *paraclausithyron*.
3. Who are *Balbus* and *Caecilius* in relation to the door?
4. What does the door feel is something he is always blamed for?
5. Identify 2 figures of speech used in this selection. Quote the Latin text that supports your answer.

Catullus 67 Tier 1 17-28

(Ianua dicit) "Quomodo possum? Nemo quaerit verum nec scire verum laborat?"

Nos volumus te nobis dicere, noli dubitare.

(Ianua dicit) "Itaque, primum, id quod de virgine datum nobis dicitur falsum est. Vir primus eam non tetigit (non dormivit cum ea). Vir primus habuit siculam pendentem (metaphora est, membrum masculinum) languidiorem quam tenera beta (beet). Numquam sicula eius se sustulit;

Sed pater illius filii dicitur violasse lectum nuptialem et corrupisse miseram domum, sive (sive…seu = whether…or) quia impia mens ardebat caeco (sine visu) amore, seu quia filius erat stultus et habuit sterile semen, ut unde necesse erat quaerere nervosius membrum masculinum, quod posset solvere zonam (belt, girdle) virgineam."

Catullus 67 Tier 2 17-28

"Qui possum? Nemo quaerit nec scire laborat?"
Nos volumus: dicere nobis ne dubita.

"primum igitur, quod fertur virgo tradita nobis, falsum est. Vir prior non attigerit, cui sicula pendens languidior tenera beta. Numquam se sustulit ad mediam tunicam;

Sed pater illius gnati dicitur violasse cubile et conscelerasse miseram domum, sive quod impia mens flagrabat caeco amore, seu quod natus erat iners sterili semine, ut unde nervosius illud quaerendum foret, quod posset solvere zonam virgineam."

Carmen Ipsum 17-28

'Qui possum? nemo quaerit nec scire laborat?'
    Nos volumus: nobis dicere ne dubita.
'Primum igitur, virgo quod fertur tradita nobis,
    falsum est. non illam vir prior attigerit,   20
languidior tenera cui pendens sicula beta.
    numquam se mediam sustulit ad tunicam;
sed pater illius gnati violasse cubile
    dicitur et miseram conscelerasse domum,
sive quod impia mens caeco flagrabat amore,   25
    seu quod iners sterili semine natus erat,
ut quaerendum unde foret nervosius illud,
    quod posset zonam solvere virgineam.'

Questions for Catullus 67.17-28

1. Summarize the selection.
2. List three things that we learn about the history of the lady of this house. Quote the Latin text that supports your answer.
3. Identify two figures of speech used in this selection. Quote the Latin text that supports your answer.

Catullus 67 Tier 1 29-36

Ianua, tu narras magna pietate egregium parentem. Pater qui ipse minxerit (probably not urinate but rather ejaculate) in uxorem sui filii.

(Ianua dicit) "Et Brixia, locata sub specula (watch tower) Cycnea, ubi flavus Mella (fluvius prope Brixiam) fluit, Brixia, cara mater Veronae meae, Brixia dicit se scire non modo hoc virum eam habuisse, sed Brixia quoque narrat de Postumio et amore Corneli, cum quibus illa malum adulterium fecit.

Catullus 67 Tier 2 29-36

Narras mira pietate egregium parentem. Qui ipse minxerit in gremium sui gnati.

"Atque Brixia, supposita Cycneae speculae, quam flavus Mella praecurrit molli flumine, Brixia, amata mater Veronae meae, dicit non modo hoc cognitum (eam) habere, sed narrat de Postumio et amore Corneli, cum quibus illa malum adulterium fecit.

Carmen Ipsum 29-36

Egregium narras mira pietate parentem.
    qui ipse sui gnati minxerit in gremium.   30
'Atqui non solum hoc dicit se cognitum habere
    Brixia Cycneae supposita speculae,
flavus quam molli praecurrit flumine Mella,
    Brixia Veronae mater amata meae,
sed de Postumio et Corneli narrat amore,   35
    cum quibus illa malum fecit adulterium.

Questions for Catullus 67.29-36

1. Summarize the selection.
2. Locate *Brixia*. Locate *Verona*. Locate *Mella*. Explain what each one is, and why Catullus is referencing them.
3. *Cycneae* (line 32), discuss the meaning of this mythological reference, and explain how this reference is related to the poem.
4. Identify two figures of speech used in this selection. Quote the Latin text that supports your answer.
5. Write out and scan lines 33-34.

Catullus 67 Tier 1 37-47

(Ianua iam dicit) "Hic aliquis dixerit: quid? Quomodo tu scis omnia haec? Tu ianua, cui non licet umquam abesse limine domini, nec audire populum, sed remanendum est tibi hic ligneo, soles tantum claudere aperireque domum?

Saepe audivi illam feminam loquentem solam cum ancillis. Saepe audivi illam feminam loquentem sua crimina furtiva voce, loquentem illos viros nomine quos dixi, ut illa expectaret nullam linguam auresque nullas esse mihi.

Illa addebat virum, quem nolo dicere nomine, ne tollat rubra supercilia (red eyebrows).

Longus vir est, cui femina olim lites (lawsuits) magnas mendaci ventre (illa femina fictum infantem in ventre suo habuit) intulit."

Catullus 67 Tier 2 37-47

"Hic aliquis dixerit: quid? Tu, ianua, istaec nosti,
cui numquam licet abesse limine domini, nec
auscultare populum, sed hic suffixa tigillo, soles
tantum operire aut aperire domum?

Saepe illam audivi, loquentem solam furtiva voce
cum ancillis haec sua flagitia, dicentem nomine
quos diximus, utpote quae speraret mi nec
linguam nec auriculam esse.

Praeterea addebat quendam, quem nolo dicere
nomine, ne tollat rubra supercilia.

Longus homo est, cui falsum puerperium olim
lites magnas intulit mendaci ventre."

Catullus 67 Carmen Ipsum 37-47

dixerit hic aliquis: quid? tu istaec, ianua, nosti,
    cui numquam domini limine abesse licet,
nec populum auscultare, sed hic suffixa tigillo
    tantum operire soles aut aperire domum?   40
saepe illam audivi furtiva voce loquentem
    solam cum ancillis haec sua flagitia,
nomine dicentem quos diximus, utpote quae mi
    speraret nec linguam esse nec auriculam.
praeterea addebat quendam, quem dicere nolo
    nomine, ne tollat rubra supercilia.   45
longus homo est, magnas cui lites intulit olim
    falsum mendaci ventre puerperium.'

Questions for Catullus 67.37-47

1. Summarize the selection.
2. Outline how the door learned of the affairs.
3. Why doesn't the door want to name the last person?
4. Identify two figures of speech within this selection. Quote the Latin text that supports your answer.
5. Discuss how this poem incorporates common Roman love poetry themes.
6. Write out and scan lines 41-42.

Catullus 70

Tier 1

Puella mea dicit se velle coniugere nullum plus quam me, non etiam si Iuppiter ipse eam petat.

Puella mea dicit, sed id quod puella dicit cupido amanti scribendum est in vento et rapida aqua.

Catullus 70 Tier 2

Mulier mea dicit se malle nubere nulli quam mihi, non si Iuppiter ipse petat.

Dicit, sed quod mulier dicit cupido amanti, oportet scribere in vento et rapida aqua.

Catullus 70 Carmen ipsum

Nulli se dicit mulier mea nubere malle
    quam mihi, non si se Iuppiter ipse petat.
dicit: sed mulier cupido quod dicit amanti,
    in vento et rapida scribere oportet aqua.

Questions for Catullus 70

1. Summarize the poem.
2. Discuss how this poem fits with themes typical of Roman love poetry.
3. Read Callimachus Epigram 25. Discuss similarities between the two poems.
4. Why does Catullus use *mulier* here, rather than the more common *puella*?
5. Identify one figure of speech and analyze how it affects the poem. Quote the Latin text that supports your answer.
6. Outline how the imagery of line four enhances the earlier sentiments of the poem. Quote the Latin text that supports your answer.
7. Write out and scan lines 1-4.

Catullus 75

Tier 1

Tua culpa, Lesbia, mentem meam huc deduxit et ita mens mea ipsa se perdidit officio suo, ut iam nec possum bene velle tibi, si optima sis, nec possum desistere amare si omnia mala facias.

Catullus 75 Tier 2

Mens mea deducta est huc, Lesbia, tua culpa atque ita ipsa se perdidit officio suo, ut iam nec queat bene velle tibi, si optima fias, nec desistere amare, si omnia facias.

Catullus 75 Carmen Ipsum

Huc est mens deducta tua mea, Lesbia, culpa
    atque ita se officio perdidit ipsa suo,
ut iam nec bene velle queat tibi, si optima fias,
    nec desistere amare, omnia si facias.

Questions for Catullus 75

1. Summarize the poem.
2. Discuss how this poem fits with themes typical of Roman love poetry.
3. Identify the parts of a chiasmus in lines 1 and 2.
4. Who is to blame in this poem?
5. Describe Catullus's state of mind as evidenced by this poem. Quote the Latin text that supports your answer.
6. Write out and scan lines 1-4.

Catullus 87

Tier 1

Nulla femina potest vere dicere se tantum amatam quantum (tantum…quantum = so much as) mea Lesbia amata est a me. Nulla tanta fides umquam fuit ullo foedere, quanta inventa est in amore meo tibi.

Catullus 87 Tier 2

Nulla mulier potest vere dicere se tantum amatam quantum mea Lesbia amata est a me. Nulla fides umquam fuit ullo foedere tanta, quanta reperta est in amore tuo ex parte mea.

Catullus 87 Carmen Ipsum

Nulla potest mulier tantum se dicere amatam
    vere, quantum a me Lesbia amata mea est.
nulla fides ullo fuit umquam foedere tanta,
    quanta in amore tuo ex parte reperta mea est.

Questions for Catullus 87

1. Summarize the poem.
2. Discuss how this poem fits with themes typical of Roman love poetry.
3. Which kind of agreement does *foedere* in line 3 imply?
4. Identify two figures of speech at use in the poem. Quote the Latin text that supports your answer.
5. Write out and scan lines 1-4.

Catullus 96

Tier 1

Si quicquam (anything) a nostro dolore, quod mutis sepulcris (tombs) placet, accidere potest, Calve, certe mors pueallae tuae, Quintiliae, non est tanto dolori, quantum Quintilia gaudet amore tuo.

Catullus 96 Tier 2

Si quicquam a nostro dolore, gratum acceptumque mutis sepulcris accidere potest, Calve, quo desiderio veteres amores renovamus atque olim flemus amicitias missas, certe mors immatura non est tanto dolori Quintiliae, quantum gaudet amore tuo.

Catullus 96 Carmen ipsum

Si quicquam mutis gratum acceptumque sepulcris
    accidere a nostro, Calve, dolore potest,
quo desiderio veteres renovamus amores
    atque olim missas flemus amicitias,
certe non tanto mors immatura dolori est   5
    Quintiliae, quantum gaudet amore tuo.

Questions for Catullus 96

1. Summarize the poem.
2. Discuss how this poem fits with themes typical of Roman love poetry.
3. Identify the figure of speech used in line one of the poem, and analyze how it affects the poem. Quote the Latin text that supports your answer.
4. Outline the way in which Catullus attempts to console Calvus.
5. Write out and scan lines 1-6.

Catullus 99

Tier 1

Dum ludis, dulcis Iuventi, cepi basium dulcius dulci ambrosia.

Sed id non sine poena egi: amplius horam censui me esse in summa cruce, dum explico me tibi nec possum lacrimis ullis diminuere tuam saevitiam.

Simul id factum est, tu tersisti labra tua digitis et multa aqua, ne quicquam ex ore nostro maneret, tamquam ego eram meretrix.

Deinde ego miser insano amori sine fine excruciari omni modo, ut mihi basium mutatum iam ex ambrosia tristi elleboro. (hellebore, a kind of flower)

Quoniam proponis poenam misero amori, nunc numquam posthac basium capiam.

Catullus 99 Tier 2

Dum ludis, mellite Iuventi, surripui suaviolum dulcius dulci ambrosia.

Verum id non impune tuli: namque amplius horam memini me esse suffixum in summa cruce, dum purgo me tibi nec possum fletibus ullis demere tantillum vestrae saevitiae.

Nam simul id factum est, labella diluta multis guttis abstersisti omnibus articulis, ne quicquam contractam ex ore nostro maneret, tamquam spurca saliva commictae lupae.

Praeterea tradere me miserum infesto amori non cessati excruciare omni modo, ut mi illud suaviolum mutatum iam foret ex ambrosia tristius tristi elleboro.

Quam quoniam proponis poenam misero amori, iam numquam posthac basia surripiam.

Catullus 99 Carmen Ipsum

Surripui tibi, dum ludis, mellite Iuventi,
  suaviolum dulci dulcius ambrosia.
verum id non impune tuli: namque amplius horam
  suffixum in summa me memini esse cruce,
dum tibi me purgo nec possum fletibus ullis   5
  tantillum vestrae demere saevitiae.
nam simul id factum est, multis diluta labella
  guttis abstersisti omnibus articulis,
ne quicquam nostro contractum ex ore maneret,
  tamquam commictae spurca saliva lupae.   10
praeterea infesto miserum me tradere amori
  non cessasti omnique excruciare modo,
ut mi ex ambrosia mutatum iam foret illud
  suaviolum tristi tristius elleboro.
quam quoniam poenam misero proponis amori,   15
  numquam iam posthac basia surripiam.

Questions for Catullus 99

1. Summarize the poem.
2. Discuss how this poem fits with themes typical of Roman love poetry.
3. Outline the three phases of Catullus's feelings about the kiss in this poem.
4. How is this poem different from Catullus's poetry about Lesbia?
5. What is the best translation of *lupae* (10) in this context?
6. What is *elleboro* (line 14)?
7. Identify two figures of speech at use in the poem. Quote the Latin text that supports your answer.
8. Write out and scan lines 11-12.

Catullus 110

Tier 1

Aufilena, bonae amicae semper laudantur:
accipiunt pretium, quae facere parant.

Tu, quia promisti, quia mihi falsa fuisti, quia nec
das et accipis saepe, facis malum.

Aut est bonum feminae liberae facere, aut non fuit
pudicae feminae promisisse, Aufilena: sed false
cepisse id quod datum est, peius est quam
meretrix avara quae prostituit se toto corpore.

Catullus 110 Tier 2

Aufilena, bonae amicae semper laudantur:
accipiunt pretium, quae facere instituunt.

Tu, quod promisti, quod inimica mihi mentita es,
quod nec das et fers saepe, facis facinus.

Aut est ingenuae facere, aut non fuit pudicae
promisse, Aufilena: sed corripere data fraudando
officiis, plus quam meretricis avarae quae
prostituit sese toto corpore.

Catullus 110 Carmen Ipsum

Aufilena, bonae semper laudantur amicae:
    accipiunt pretium, quae facere instituunt.
tu, quod promisti, mihi quod mentita inimica es,
    quod nec das et fers saepe, facis facinus.
aut facere ingenuae est, aut non promisse pudicae,   5
    Aufillena, fuit: sed data corripere
fraudando officiis, plus quam meretricis avarae
    quae sese toto corpore prostituit.

Questions for Catullus 110

1. Summarize this poem.
2. Discuss how this poem fits with themes typical of Roman love poetry.
3. Identify three figures of speech from this poem. Quote the Latin text that supports your answer.
4. Trace the way in which Catullus describes *Aufillena* as a prostitute.
5. Write out and scan lines 1-8.

Horace Odes 1.5

Tier 1

Qui tenuis puer, perfusus odoribus, te, Pyrrha (ignea in lingua Graeca), urget in speluncam cum multis rosis? Cui tu religas (tie back) aureos capillos?

Heu, quotiens ille puer fidem et mutatos deos lacrimabit. Puer miratus, mirabitur aequora aspera esse ventis nigris,

Puer qui nunc te fruitur, credens te auream esse, puer qui semper te esse solam sperat, puer qui semper te posse amari sperat, nec puer scit auras esse falsas.

Miseri sunt pueri quibus tu intemptata luces. Sacrum moenium habet tabulam votivam. Haec tabula indicat me suspendisse umida vestimenta pro deo potenti maris.

Horace Odes 1.5 Tier 2

Quis gracilis puer perfusus liquidis odoribus te,
Pyrrha, urget sub grato antro in multa rosa? Cui
religas flavam commam, simplex munditiis?

Heu quotiens fidem mutatosque deos flebit et
insolens aequora aspera nigris ventis emirabitur,

qui nunc te fruitur credulus aurea, qui semper
vacuam, semper amabilem sperat, nescius aurae
fallacis.

Miseri, quibus intemptata nites. Sacer paries
tabula votiva indicat me suspendisse uvida
vestimenta deo potenti maris.

Horace Odes 1.5 Carmen Ipsum

Quis multa gracilis te puer in rosa
perfusus liquidis urget odoribus
    grato, Pyrrha, sub antro?
    cui flavam religas comam,

simplex munditiis? Heu quotiens fidem   5
mutatosque deos flebit et aspera
    nigris aequora ventis
    emirabitur insolens,

qui nunc te fruitur credulus aurea,
qui semper vacuam, semper amabilem   10
    sperat, nescius aurae
    fallacis. Miseri, quibus

intemptata nites. Me tabula sacer
votiva paries indicat uvida
    suspendisse potenti
    vestimenta maris deo.   15

Questions for Horace Odes 1.5

1. Summarize the poem.
2. Discuss how this poem fits with themes of Roman love poetry.
3. Read Catullus 8, and compare the two poems.
4. Outline the possible outcome that Horace sees for the subjects of the poem. Quote the Latin text that supports your answer.
5. Identify two figures of speech used in this poem. Quote the Latin text that supports your answer.
6. What possible mythological allusion is *Pyrrah*?

Horace Odes 1.13

Tier 1

Cum tu, Lydia, laudas roseam collum Telephi, et cum tu laudas clara bracchia Telephi, vae mihi ferventi, meum iecur maior fit difficile ira.

Nec mens mihi nec color manet ut erat tunc in certa sede, et lacrima secreta in genas labitur, arguens quam penitus (deeply) in corpore meo plenus ignis amoris sim.

Uror, seu pugnae ebriae turpaverunt umeros albos tuos, sive puer furens inpressit vestigium in labris tuis dente suo.

Si me audias, non speres Telephum, qui dulcia labra tua volnerat, perpetuum esse. Labra tua quae Venus imbuit quinta parte sui nectaris.

Ter laetae et amplius sunt quos perpetua copula (relationship) tenet, nec amor, fractus querella (complaint), solvet citius quam suprema dies advenit.

Horace Odes 1.13 Tier 2

Cum tu Lydia, roseam cervicem Telephi (laudas), cerea bracchia Telephi laudas, vae, fervens meum iecur tumet difficili bile.

Nec mens mihi nec color tunc certa sede manet, et umor in genas furtim labitur, arguens quam macerer penitus lentis ignibus.

Uror, seu rixae immodicae mero turpaverunt umeros candidos tibi, sive puer furens inpressit memorem notam labris dente.

Si me satis audias, non speres perpetuum laedentem dulcia oscula babare, quae Venus imbuit quinta parte sui nectaris.

Ter felices et amplius, quos inrupta copula tenet nec amor divolsus querimoniis citius solvet suprema die.

Horace Odes 1.13 Carmen Ipsum

Cum tu, Lydia, Telephi
cervicem roseam, cerea Telephi
    laudas bracchia, vae, meum
fervens difficili bile tumet iecur.
    Tunc nec mens mihi nec color
certa sede manet, umor et in genas   5
    furtim labitur, arguens
quam lentis penitus macerer ignibus.
    Uror, seu tibi candidos
turparunt umeros inmodicae mero   10
    rixae, sive puer furens
inpressit memorem dente labris notam.
    Non, si me satis audias,
speres perpetuum dulcia barbare
    laedentem oscula, quae Venus   15
quinta parte sui nectaris imbuit.
    Felices ter et amplius
quos inrupta tenet copula nec malis
    divolsus querimoniis
suprema citius solvet amor die.   20

Questions for Horace Odes 1.13

1. Summarize the poem.
2. Discuss how this poem fits with themes of Roman love poetry.
3. Identify two figures of speech used within this poem and analyze how it affects the poem.
4. Describe how the tone of the poem changes in line 13.
5. Explain how Horace portrays himself as a jealous lover throughout the poem. Quote the Latin text that supports your answer.
6. Analyze the phrase '*laedentem oscula*' line 15.
7. Explain the possible mythological allusion for *Telephus*.

Horace Odes 1.22

Tier 1

O Fusce, vir qui vitam sine culpa habet et qui purus est non eget (doesn't need) Mauris telis neque arcu neque pharetra (quiver) plena sagittarum,

Sive (sive...sive = whether ... or) ambulabit per Syrtis calidas sive ambulabit per inhospitalem Caucasum vel loca quae fabulosus Hydaspes lingua tangit.

Dum vagabar in Sabina silva ex finibus agri mei, sine cura, et dum cantabam meam Lalagen, lupus a me cucurrit, a me qui non arma habuit,

Quale monstrum neque militaris Daunias alit in latis silvis suis nec terra Iubae generat, arida nutrix leonum.

Pone me in campis ubi nulla arbor vivit in calido vento, latus locus terrae qui nubes et malus Iuppiter urget (threaten).

Pone me in terra ubi nemo habitare potest, sub curru solis propinqui (of a close sun): amabo Lalagen ridentem loquentemque dulce.

Horace Odes 1.22 Tier 2

Fusce, integer vitae purusque sceleris non eget Mauris iaculis neque arcu nec pharetra gravida venenatis sagittis,

Sive facturus iter per Syrtis aestuosas sive per inhospitalem Caucasum vel loca quae fabulosus Hydaspes lambit.

Namque dum vagor ultra terminum, curis expeditis, canto meam Lalagen in Sabina silva, lupus me inermem fugit,

Quale portentum neque militaris Daunias alit latis aesculetis nec tellus Iubae generat, arida nutrix leonum.

Pone me ubi nulla arbor pigris campis recreatur aestiva aura, latus mundi quod nebulae malusque Iuppiter urget;

Pone in terra negata domibus, sub curru solis propinqui: amabo Lalagen ridentem dulce, dulce loquentem.

Horace Odes 1.22 Carmen Ipsum

Integer vitae scelerisque purus
non eget Mauris iaculis neque arcu
nec venenatis gravida sagittis,
    Fusce, pharetra,

sive per Syrtis iter aestuosas   5
sive facturus per inhospitalem
Caucasum vel quae loca fabulosus
    lambit Hydaspes.

Namque me silva lupus in Sabina,
dum meam canto Lalagen et ultra   10
terminum curis vagor expeditis,
    fugit inermem,

quale portentum neque militaris
Daunias latis alit aesculetis
nec Iubae tellus generat, leonum   15
    arida nutrix.

Pone me pigris ubi nulla campis
arbor aestiva recreatur aura,
quod latus mundi nebulae malusque
    Iuppiter urget;   20

pone sub curru nimium propinqui
solis in terra domibus negata:

dulce ridentem Lalagen amabo,
  dulce loquentem.

Questions for Horace Odes 1.22

1. Summarize the poem.
2. Discuss how this poem fits with themes of Roman love poetry
3. Identify *Fusce* (line 4).
4. Locate *Mauris* (Line 2).
5. Locate *Syrtes* (line 5).
6. Locate *Caucasum* (line 7).
7. Locate *Hydaspes* (line 8).
8. Locate *silva ...Sabina* (line 9).
9. What is the possible meaning of *Lalagen*?
10. Locate *Daunias* (line 14) and explain how it is relevant to Horace.
11. Identify *Iubae*, and explain the irony at play here.
12. Identify the oxymoron in this poem.
13. Identify three figures of speech in this poem, aside from the oxymoron. Quote the Latin text that supports your answer.
14. Discuss why Horace references all of the various places that he does in this poem.
15. Explain two ways in which Horace portrays himself as a man leading a pure life. Quote the Latin text that supports your answer.

Horace Odes 3.26

Tier 1

Bene vixi cum puellis nuper, et eram miles non sine gloria; nunc hic paries (murus domi), qui custodit latus sinistrum Veneris marinae, habebit arma mea et barbiton (lyre) defunctum bello.

Ponite hic lucentia funalia (torches), et vectes (crowbars) et arcus minaces (threatening) oppositis ianuis.

O diva quae cyprum tenes et regina quae tenes Memphim sine Sithonia nive, tange semel Chloen superbam flagello tuo.

Horace Odes 3.26 Tier 2

Idoneus vixi puellis nuper, et militavi non sine gloria; nunc hic paries, qui custodit laevom latus Veneris marinae, habebit arma barbitonque defunctum bello.

Hic, hic ponite lucida funalia et vectes et arcus minaces oppositis foribus.

O diva quae tenes beatum Cyprum et Regina (quae tenes) Memphin carentem Sithonia nive, tange semel Chloen arrogantem flagello sublimi.

Horace Odes 3.26 Carmen Ipsum

Vixi puellis nuper idoneus
et militavi non sine gloria;
    nunc arma defunctumque bello
    barbiton hic paries habebit,

laevom marinae qui Veneris latus   5
custodit. Hic, hic ponite lucida
    funalia et vectis et arcus
    oppositis foribus minacis.

O quae beatum diva tenes Cyprum et
Memphin carentem Sithonia niue   10
    regina, sublimi flagello
    tange Chloen semel arrogantem.

Questions for Horace Odes 3.26

1. Summarize the poem.
2. Discuss how this poem fits with themes of Roman love poetry.
3. Outline the three weapons of love that Horace dedicates. Analyze the purpose of each of the arms. Quote the Latin text that supports your answer.
4. Identify an instance of chiasmus in this poem.
5. Locate *Cyprum* (Line 9), *Memphin* (line 10), and *Sithonia* (line 10).
6. Why is Horace putting aside his 'arms'?
7. Discuss the way in which Horace is a soldier retiring from war. Quote the Latin text that supports your answer.
8. What does Horace want at the end of the poem?

Horace Odes 4.1

Tier 1 1-8

Venus, diu neglecta bella rursus moves. Precor, parce mihi, non sum qualis vir eram sub Cinara.

Mater crudelis dulcium Cupidinum, siste flectere me, qui circa quinquaginta annos habet, siste flectere me iam durum mollibus imperiis:

Abi, quo preces placentes iuvenum te revocant.

Horace Odes 4.1 Tier 2 1-8

Venus, bella diu intermissa rursus moves? Precor, precor parce (mihi), non sum qualis eram sub regno bonae Cinarae.

Mater saeva dulicium Cupidinum, desine flectere circa lustra decem (paene quinquaginta annos) iam durum mollibus imperiis:

Abi, quo blandae preces iuvenum te revocant.

Horace Odes 4.1 Carmen Ipsum 1-8

Intermissa, Venus, diu
rursus bella moves? Parce precor, precor.
    Non sum qualis eram bonae
sub regno Cinarae. Desine, dulcium
    mater saeva Cupidinum,   5
circa lustra decem flectere mollibus
    iam durum imperiis: abi,
quo blandae iuvenum te revocant preces.

Questions for Horace Odes 4.1.1-8

1. Summarize the selection.
2. Outline two things that must have happened before Horace
   wrote this poem. Quote the Latin text that supports your
   answer.
3. What does this opening section of the poem setup?
4. Identify a figure of speech in this selection. Quote the Latin
   text that supports your answer.

Horace Odes 4.1 Tier 1 9-20

Melius tibi sit, si ales (winged) oloribus (swans) purpureis laete te portabunt in domum Pauli Maximi, si vis ardere iecur (hic significat cor) aptum;

Quia is est et nobilis et pulcher et non tacitus pro anxiis reis et est puer centum artium (of a hundred skills) et portabit late signa militiae tuae (for your campaign),

Et, quandoque (whenever) Paulus potentior est quam dona largi inimici, is riserit, et is ponet tuum signum sub trabe citrea (cedar roof) prope Albanos lacus.

Horace Odes 4.1 Tier 2 9-20

Tempestivius ales oloribus purpureis comissabere in domum Pauli Maximi, si quaeris torrere iecur idoneum;

Namque et nobilis et decens et non tacitus pro sollicitis reis et puer centum artium late feret signa militiae tuae,

Et, quandoque potentior muneribus largi aemuli riserit, ponet te marmoream sub trabe citrea prope Albanos lacus.

Horace Odes 4.1 Carmen Ipsum 9-20

Tempestivius in domum
Pauli purpureis ales oloribus   10
   comissabere Maximi,
si torrere iecur quaeris idoneum;
   namque et nobilis et decens
et pro sollicitis non tacitus reis
   et centum puer artium   15
late signa feret militiae tuae,
   et, quandoque potentior
largi muneribus riserit aemuli,
   Albanos prope te lacus
ponet marmoream sub trabe citrea.   20

Questions for Horace Odes 4.1.9-20

1. Summarize the selection,
2. Describe Paulus Maximus's likely occupation. Quote the Latin text that supports your answer.
3. Identify Paulus Maximus. List at list one fact about him not found in the selection.
4. Locate *Albanos...lacus* (line 19).
5. Outline two ways in which Paulus will honor Venus. Quote the Latin text that supports your answer.

Horace Odes 4.1 Tier 1 21-32

Illic multa tura (incense) spirabit, et tu delectaberis lyra et Berecyntia tibia (flute) mixtis carminibus non sine fistula (reed flute);

Illic bis die pueri, cum teneris puellis, laudabunt tuum numen pede candido. Pueri puellaeque ter pulsabunt pede humum in morem Salium (in the custom of the Salii, priests of Mars).

Femina non me iuvat. Puer me non iuvat. Spes credula animi mutui me non iuvat. Certare vino me non iuvat. Vincire (to tie around) caput novis floribus me non iuvat.

Horace Odes 4.1 Tier 2 21-32

Illic plurima tura naribus duces, lyraque delectabere Berecyntia tibia mixtis carminibus non sine fistula;

Illic bis die pueri cum teneris virginibus laudantes tuum numen pede candido ter quatient humum in morem Salium.

Nec femina nec puer, nec spes credula animi
mutui nec certare mero nec vincire tempora novis
floribus me iuvat.

Horace Odes 4.1 Carmen Ipsum 21-32

Illic plurima naribus
duces tura, lyraque et Berecyntia
   delectabere tibia
mixtis carminibus non sine fistula;
   illic bis pueri die   25
numen cum teneris virginibus tuum
   laudantes pede candido
in morem Salium ter quatient humum.
   Me nec femina nec puer
iam nec spes animi credula mutui   30
   nec certare iuvat mero
nec vincire novis tempora floribus.

Questions for Horace Odes 4.1.21-32
1. Summarize the selection.
2. Locate *Berecyntia* (line 22) and explain its significance to the poem.
3. Analyze in *morem Salium* (line 28). To what is this a reference?
4. Identify the three instruments mentioned in this selection.
5. Identify the use of a figure of speech and explain how it affects the poem. Quote the Latin text that supports your answer.

Horace 4.1 Tier 1 33-40

Sed cur, heu, Ligurine, cur lacrima cadit de meis genis?

Cur lingua eloquens cadit in foedo silentio inter verba?

In nocturnis somniis iam ego te, dure Ligurine, captum teneo, iam te, avem, sequor per herbosum campum Martii, sequor te per aquas revolventes.

Horace Odes 4.1 Tier 2 33-40

Sed cur heu, Ligurine, cur lacrima rara manat per meas genas?

Cur lingua facunda cadit parum decoro silentio inter verba?

Ego nocturnis somniis iam te, dure, captum teneo, iam volucrem sequor per gramina Martii campi, te per aquas volubiles.

Horace Odes 4.1 Carmen Ipsum 33-40

Sed cur heu, Ligurine, cur
manat rara meas lacrima per genas?
Cur facunda parum decoro   35
inter verba cadit lingua silentio?
Nocturnis ego somniis
iam captum teneo, iam volucrem sequor
te per gramina Martii
campi, te per aquas, dure, volubilis.   40

Questions for Horace 4.1.33-40

1. Summarize the selection.
2. Discuss the entire poem in terms of how it fits with themes typical of Roman love poetry.
3. Locate *Martii campi* (lines 39-40).
4. Who is *Ligurine* (line 33)
5. Identify the use of a figure of speech in this section. Quote the Latin text that supports your answer.

Ovid Amores 1.1.1-10 Tier 1

Arma et violentia bella parabam scribere gravi numero, materia quae modis (meter) convenit.

Inferior versus satis erat – Cupido dicitur risisse et cepisse unum pedem.

Quis dicas, Cupido, tibi dedit hoc imperium super carmina? Nos poetae sumus filiarum Pieridos (of Pieris), non sumus in tua turba.

Quid tu dicas, si Venus arma Minervae capillis aureis capiat, et flava Minerva ignes ventilet (fanned).

Quis probet Cererem esse domina in silvis montis, et agros coli lege pharetratae virginis (Dianae)?

Ovid Amores 1.1.1-10 Tier 2

Gravi numero arma violentaque bella parabam edere, materia conveniente modis.

Par erat inferior versus - Cupido dicitur risisse atque surripuisse unum pedem.

Quis, saeve puer, tibi dedit hoc iuris in carmina?
Vates Pieridum, non sumus tua turba.

Quid, si Venus arma flavae Minervae praeripiat,
flava Minerva ventilet accensas faces?

Quis probet Cererem regnare in silvis iugosis,
lege pharetratae virginis coli arva?

Ovid Amores 1.1.1-10 Carmen Ipsum

Arma gravi numero violentaque bella parabam
    edere, materia conveniente modis.
par erat inferior versus—risisse Cupido
    dicitur atque unum surripuisse pedem.
'Quis tibi, saeve puer, dedit hoc in carmina iuris?   5
    Pieridum vates, non tua turba sumus.
quid, si praeripiat flavae Venus arma Minervae,
    ventilet accensas flava Minerva faces?
quis probet in silvis Cererem regnare iugosis,
    lege pharetratae Virginis arva coli?   10

Questions for Ovid Amores 1.1.1-10

1. Summarize the selection.
2. Explain the opening joke of the poem.
3. What is the best translation for *modis* (Line 2).
4. Identify *Pieridum* (line 6) and explain the significance.
5. Outline Ovid's argument in lines 5-10. Quote the Latin text that supports your answer.
6. Identify each of the deities referenced. Quote the Latin text that supports your answer.
7. Identify two figures of speech being used in the selection. Quote the Latin text that supports your answer.

Ovid Amores 1.1.11-20 Tier 1

Quis Phoebum, famosus capillis, doceat uti acuto telo, cum Mars Aoniam lyram movet?

Puer magna regna et nimis multum potentia habes; cur tu, ambitiose puer, meum opus novum adfectas?

An suntne omnia tibi? Suntne Heleconiae valles tuae? Iam etiam lyra sua Phoebo vix est tuta a te?

Cum nova pagina bene incipit versu primo, proximus versus meos nervos diminuit;

Nec habeo materiam aptam versibus levioribus, materia quae est aut de puero aut de puella longis capillis.

Ovid Amores 1.1.11-20 Tier 2

Quis Phoebum insignem crinibus instruat acuta cuspide, Marte movente Aoniam lyram?

Puer, magna regna nimiumque potentia sunt tibi; cur opus novum adfectas, ambitiose?

An, quod ubique, tuum est? tua sunt Heleconia tempe? Iam etiam lyra sua vix tuta est Phoebo?

Cum nova pagina bene surrexit versu primo, ille
proximus attenuat meos nervos;

Nec est mihi materia apta numeris levioribus, aut
puer aut puella compta longas comas.

Ovid Amores 1.1.11-20 Carmen Ipsum

crinibus insignem quis acuta cuspide Phoebum
    instruat, Aoniam Marte movente lyram?
sunt tibi magna, puer, nimiumque potentia regna;
    cur opus adfectas, ambitiose, novum?
an, quod ubique, tuum est? tua sunt Heliconia tempe? 15
    vix etiam Phoebo iam lyra tuta sua est?
cum bene surrexit versu nova pagina primo,
    attenuat nervos proximus ille meos;
nec mihi materia est numeris levioribus apta,
    aut puer aut longas compta puella comas.'   20

Questions for Ovid Amores 1.1.11-20

1. Summarize the selection.
2. Identify Phoebus. Explain his relevance to the poem, and also what Ovid could be referencing.
3. Locate *Aoniam* (line 12). Explain its importance.
4. Locate *Heliconia* (line 15). Explain its importance.
5. How is Ovid continuing his argument from the first selection?
6. What is the best way to translate *numeris* (line 19) given its context?
7. Identify two figures of speech at use in this selection. Quote the Latin text that supports your answer.

Ovid Amores 1.1.21-30 Tier 1

Interrogabam, cum statim ille puer legit sagittam e pharetra in mortem meam, et sinuosum arcum fortiter flexit genu, et dixit, "accipe opus quod canas, poeta!"

Me miseum! Ille puer habuit rectas sagittas. Ardeo, et Amor regnat in vacuo corde.

Opus surgat mihi sex numeris, in quinque cadat: valete ferrea bella cum vestris modis!

Musa gere circum aurea tempora (temples, body part not the buildings) litorea myrto (with the myrtle of the shore), scribe carmina quae undecim pedes habent.

Ovid Amores 1.1.21-30 Tier 2

Questus eram, cum protinus ille legit spicula pharetra in exitium meum, lunavitque fortiter sinuosum arcum genu, 'accipe' dixitque 'opus quod canas, vates!'

Me miserum! Ille puer habuit certas sagittas. Uror, et Amor regnat in vacuo pectore.

Opus surgat mihi sex numeris, in quinque residat: valete ferrea bella cum vestris modis!

Musa, cingere flaventia tempora litorea myrto,
emodulanda undenos pedes!

Ovid Amores 1.1.21-30 Carmen Ipsum

Questus eram, pharetra cum protinus ille soluta
   legit in exitium spicula facta meum,
lunavitque genu sinuosum fortiter arcum,
   'quod' que 'canas, vates, accipe' dixit 'opus!'
Me miserum! certas habuit puer ille sagittas.   25
   uror, et in vacuo pectore regnat Amor.
Sex mihi surgat opus numeris, in quinque residat:
   ferrea cum vestris bella valete modis!
cingere litorea flaventia tempora myrto,
   Musa, per undenos emodulanda pedes!   30

Questions for Ovid Amores 1.1.21-30

1. Summarize the selection.
2. Discuss the entire poem in terms of how it fits with themes typical of Roman love poetry.
3. Identify two figures of speech at use in this selection. Quote the Latin text that supports your answer.
4. Outline the conclusion of the poem as it demonstrates Ovid's resignation. Quote the Latin text that supports your answer.
5. Looking through the entire poem, how does Ovid use synchesis and chiasmus to compliment the tone of the poem. Quote the Latin text that supports your answer.

Ovid Amores 1.3.1-14 Tier 1

Iustas res precor: puella quae nuper me cepit, aut puella me amet aut puella explicet cur ego illam puellam semper amem!

A, ego nimis multum volui – tantum illa puella patiatur amari; Cytherea audierit omnes meas preces!

Cytherea, accipe virum qui servus sit tibi per longos annos; Cytherea accipe virum qui sciat amare pura fide!

Si magna nomina parentum antiquorum meorum me tibi non commendat, si auctor (founder) familiae meae erat eques (an equestrian in public status),

Nec meus campus fit novus inumeris aratris (plows), et uterque parens non dat multum pecuniae –

at Phoebus et amicae novem (musae) eius et Bacchus et Amor hac faciunt, Amor, qui me tibi donat, et fides secunda nulli, mores sine crimine et nuda simplicitas et pupureus pudor quoque hac faciunt. Omnes horum me in hoc modo faciunt.

Ovid Amores 1.3.1-14 Tier 2

Iusta precor: puella quae me nuper praedata est,
aut amet aut faciet, cur ego semper amem!

A, nimium volui – tantum patiatur amari;
Cytherea audierit tot nostras preces!

Accipe, qui tibi deserviat per longos annos;
accipe, qui noverit amare pura fide!

Si magna nomina parentum veterum me non
commendant, si auctor nostri sanguinis eques,

nec meus campus renovatur innumeris aratris,
uterque parens temperat et parcus sumptus –

at Phoebus comitesque novem repertorque vitis
hac faciunt, et Amor, qui me tibi donat, et fides
cessura nulli, mores sine crimine nudaque
simplicitas pupureusque pudor (quoque hac
faciunt).

Ovid Amores 1.3.1-14 Carmen Ipsum

Iusta precor: quae me nuper praedata puella est,
  aut amet aut faciat, cur ego semper amem!
a, nimium volui—tantum patiatur amari;
  audierit nostras tot Cytherea preces!
Accipe, per longos tibi qui deserviat annos;   5
  accipe, qui pura norit amare fide!
si me non veterum commendant magna parentum
  nomina, si nostri sanguinis auctor eques,
nec meus innumeris renovatur campus aratris,
  temperat et sumptus parcus uterque parens—   10
at Phoebus comitesque novem vitisque repertor
  hac faciunt, et me qui tibi donat, Amor,
et nulli cessura fides, sine crimine mores
  nudaque simplicitas purpureusque pudor.

Questions for Ovid Amores 1.3.1-14

1. Summarize the selection.
2. Identify three figures of speech in the selection. Explain how they affect the meaning of the poem. Quote the Latin text that supports your answer.
3. Outline how the poet is attempting to win over the girl.
4. Identify Cytherea (line 4), and locate the reference.
5. Identify the *comites* (line 11).
6. Outline the four Roman virtues Ovid references, and analyze their relationship to the deities mentioned earlier (lines 11-14). Quote the Latin text that supports your answer.

Ovid Amores 1.3.15-26 Tier 1

Mille puellae mihi non placent, non sum desultor amoris (fickle lover): si qua fides est, tu semper eris cura mihi.

Liceat mihi vivere tecum annos quos Fata mihi dederint, et tu vivas plures annos quam ego ut plores me mortuo!

Da te mihi materiem laetam in carmina – carmina digna causa sua venient.

In carmine haec tres feminae habent nomina: Io exterrita cornibus et Leda quam adulter Juppiter fluminea ave lusit, et Europa quae vecta est trans mare in simulato tauro, Iove, virgo tenuit curva cornua manu sua.

Nos quoque aeque per totum orbem (through the whole world) cantabimur, et meum nomen semper erit iunctum tuo nomini.

Ovid Amores 1.3.15-26 Tier 2

Mille mihi non placent, non sum desultor amoris:
si qua fides, tu eris cura perennis mihi.

Contingat vivere tecum annos quos fila sororum
mihi dederint, teque dolente mori!

Praebe te mihi materiem felicem in carmina –
carmina digna causa sua provenient.

Carmine, Io exterrita cornibus et quam adulter
fluminea ave lusit, quaeque vecta super pontum
simulato iuvenco, virginea tenuit cornua vara
manu, habent nomen.

Nos pariter quoque per totum orbem cantabimur,
nostraque nomina semper erunt iuncta tuis.

Ovid Amores 1.3.15-26 Carmen Ipsum

non mihi mille placent, non sum desultor amoris: 15
   tu mihi, siqua fides, cura perennis eris.
tecum, quos dederint annos mihi fila sororum,
   vivere contingat teque dolente mori!
te mihi materiem felicem in carmina praebe—
   provenient causa carmina digna sua.   20
carmine nomen habent exterrita cornibus Io
   et quam fluminea lusit adulter ave,
quaeque super pontum simulato vecta iuvenco
   virginea tenuit cornua vara manu.
nos quoque per totum pariter cantabimur orbem,   25
   iunctaque semper erunt nomina nostra tuis.

Questions for Ovid Amores 1.3.15-26

1. Summarize the selection.
2. Discuss the entire poem in terms of how it fits with themes typical of Roman love poetry.
3. Identify *sororum* (line 17).
4. Identify *Io* (line 21).
5. Identify the woman talked about in line 22.
6. Identify the subject of lines 23-24.
7. What do the last three women all have in common.
8. Outline how the examples that Ovid uses in lines 21-24 undercut his earlier statement of faithfulness. Quote the Latin text that supports your answer.

Ovid Amores 1.4.1-10 Tier 1

Vir tuus adibit eandem cenam nobis – illa cena sit ultima cena tuo viro! Estne necesse mihi, ut conviva, tantum dilectam puellam spectare?

Eritne ille laetus tu tanges? tu iacens prope eum, fovebisne (will you warm) sinus eius? Circum te ille ponet manus suas cum volet (when he will want)?

Non miror nunc quod, posito vino, Atracis (Hippodamia) pulchra traxit ambiguos viros in arma.

Nec silva domus mihi, nec mea membra iuncta sunt equo – sed vix videor posse tenere manus meas a te.

Ovid Amores 1.4.1-10 Tier 2

Vir tuus aditurus est epulas easdem nobis – illa ultima cena tuo viro sit! Ergo ego, conviva, tantum adspiciam dilectam puellam?

Alter erit quem tangi iuvet fovebisque, apte subiecta, sinus alterius? Ille iniciet manum collo, cum volet?

Desino mirari quod posito vino Atracis candida traxit ambiguos viros in arma.

Nec silva domus mihi, nec mea membra cohaerent
equo – vix videor posse tenere manus a te!

Ovid Amores 1.4.1-10 Carmen Ipsum

Vir tuus est epulas nobis aditurus easdem—
ultima coena tuo sit, precor, illa viro!
ergo ego dilectam tantum conviva puellam
adspiciam? tangi quem iuvet, alter erit,
alteriusque sinus apte subiecta fovebis?   5
iniciet collo, cum volet, ille manum?
desino mirari, posito quod candida vino
Atracis ambiguos traxit in arma viros.
nec mihi silva domus, nec equo mea membra cohaerent
vix a te videor posse tenere manus!   10

Questions for Ovid Amores 1.4.1-10

1. Summarize this selection.
2. Define *vir* based on its context (line 1).
3. How is tantum ambiguous in line 3, and what does that
   ambiguity add to the poem?
4. Analyze *iniciet collo, cum volet, ille manum* (line 6). What
   is the possible legal aspect of this line?
5. Identify *Atracis* (line 8). Locate Atrax. Explain what this
   reference contributes to the poem.
6. Analyze the phrase *ambiguos…viros* (line 8).
7. List three things thinks he will have to see at the dinner
   (lines 1-6). Quote the Latin text that supports your answer.
8. Identify two figures of speech at use in this selection.
   Quote the Latin text that supports your answer.

Ovid Amores 1.4.11-22 Tier1

Habe in mente quae tibi facere necesse sunt, nec da mea verba Euris (East winds) nec calidis Notis (South winds)!

Veni antequam vir tuus – nec video quomodo possit agi si veneris ante, sed tamen veni ante. Cum ille sedet in lecto, tu ipsa ibis comes (as a companion) vultu (expression) modesta, ut iaceas tange pedem mihi in secreto modo!

Specta me et nutus meos (my nods) et vultum loquacem meum; excipe furtivas notas et tu ipsa furtivas notas refer (reply).

Sine voce, ego dicam verba loquentia superciliis (with eyebrows); tu leges verba digitis, verba notata vino.

Cum libido Veneris nostrae te delectat, tange genas rubras tenero pollice (with a tender thumb).

Ovid Amores 1.4.11-22 Tier 2

Cognosce tamen quae tibi faciendae sint, nec da mea verba ferenda Euris nec tepidis Notis!

Veni antequam vir – nec video quid possit agi si veneris ante, sed tamen veni ante.

Cum ille premet torum, ipsa ibis comes vultu modesto, ut accumbas clam tange pedem mihi!

Specta me nutusque meos vultumque loquacem; excipe furtivas notas et ipsa refer.

Sine voce, dicam verba loquentia superciliis; leges verba digitis, verba notata mero.

Cum lasciva Veneris nostrae tibi succurret, tange genas purpureas tenero pollice.

Ovid Amores 1.4.11-22 Carmen Ipsum

Quae tibi sint facienda tamen cognosce, nec Euris
    da mea nec tepidis verba ferenda Notis!
ante veni, quam vir—nec quid, si veneris ante,
    possit agi video; sed tamen ante veni.
cum premet ille torum, vultu comes ipsa modesto   15
    ibis, ut accumbas—clam mihi tange pedem!
me specta nutusque meos vultumque loquacem;
    excipe furtivas et refer ipsa notas.
verba superciliis sine voce loquentia dicam;
    verba leges digitis, verba notata mero.   20
cum tibi succurret Veneris lascivia nostrae,
    purpureas tenero pollice tange genas.

Questions for Ovid Amores 1.4.11-22

1. Summarize this selection.
2. Identify *Euris* (line 11) and *Notis* (line 12).
3. Outline the various instructions that Ovid is giving the *puella* in this selection. Quote the Latin text that supports your answer.
4. Which commands seem impractical?
5. Identify two figures of speech at use in this selection. Quote the Latin text that supports your answer.

Ovid Amores 1.4.23-34 Tier 1

Si vis queri (to complain) de me, pendeat molles manus ab extrema aure (earlobe).

Cum ea quae ego faciam vel dicam placebunt tibi, mea lux, verte anulum usque (continuously) digitis tuis.

Tange mensam manu tua, in more quo precantes tangunt, cum optabis mala multa quae vir tuus meret.

Bene intellegas, id quod tibi miscuerit, iube ipsum bibere; necesse est tibi rogare puerum id quod tu ipsa voles.

Ea pocula quae tu reddideris ego primus pocula sumam, et, ubi tu e poculo biberis, ego ex hac parte poculi bibam.

Si forte vir tibi dabit id quod ipse primus gustaverit, reice cibos tactos ore ilius.

Ovid Amores 1.4.23-34 Tier 2

Si quid erit quod de me tacita mente quaeraris,
pendeat mollis manus ab extrema aure.

Cum quae faciam dicamve tibi, mea lux,
placebunt, versetur anulus usque digitis tuis.

Tange mensam manu, more quo precantes
tangunt, cum optabis mala multa merito viro.

Sapias, quod tibi miscuerit, iubeto bibat ipse; tu
leviter posce puerum, quod ipsa voles.

Quae tu reddideris ego primus pocula sumam, et,
qua tu biberis, ego hac parte bibam.

Si forte tibi dabit quod ipse praegustaverit, reice
cibos libatos ore ilius.

Ovid Amores 1.4.23-34 Carmen Ipsum

Si quid erit, de me tacita quod mente queraris,
    pendeat extrema mollis ab aure manus.
cum tibi, quae faciam, mea lux, dicamve, placebunt,   25
    versetur digitis anulus usque tuis.
tange manu mensam, tangunt quo more precantes,
    optabis merito cum mala multa viro.
Quod tibi miscuerit, sapias, bibat ipse, iubeto;
    tu puerum leviter posce, quod ipsa voles.   30
quae tu reddideris ego primus pocula sumam,
    et, qua tu biberis, hac ego parte bibam.
si tibi forte dabit, quod praegustaverit ipse,
    reice libatos illius ore cibos.

Questions for Ovid Amores 1.4.23-34

1. Summarize the selection.
2. Outline what the girl is supposed to do regarding Ovid in this selection. Quote the Latin text that supports your answer.
3. Outline what the girl is to do regarding the *vir* in this selection. Quote the Latin text that supports your answer.
4. Identify two figures of speech at use in this selection. Explain how they affect the poem's meaning. Quote the Latin text that supports your answer.

Ovid Amores 1.4.35-46 Tier 1

Nec sinito (don't allow) tangat tuum collum inpositis brachiis, nec pone molle caput tuum in rigido pectore eius;

Nec sinito vir tangat pectus tuum vel aptas papillas digitis suis; praecipue (especially), noli oscula ulla ei dare!

Si oscula dederis, ego fiam manifestus amator et dicam 'illa oscula sunt mea!'

Haec videbo, sed ea quae vestis bene occultant, illa causa caeci (blind) timoris erunt.

Nec tange femur femori nec iunge crura nec iunge tenerum pedem cum duro pede.

Miser timeo multa, quia ego audaciter feci multa, et ecce, crucior timore exempli mei.

Ovid Amores 1.4.35-46 Tier 2

Nec sinito premat tua colla inpositis lacertis, nec pone mite caput in rigido pectore;

Nec admittat sinus habilesve papillae digitos; praecipue velis nulla oscula dedisse!

Si oscula dederis, fiam manifestus amator et dicam 'mea sunt!' iniciamque manum.

Haec tamen adspiciam, sed quae pallia bene celant, illa causa caeci timoris erunt.

Nec commite femur femori nec cohaere crure nec iunge tenerum pedem cum duro pede.

Miser timeo multa, quia proterve feci multa, ecceque, torqueor metu exempli mei.

Ovid Amores 1.4.35-46 Carmen Ipsum

nec premat inpositis sinito tua colla lacertis,   35
    mite nec in rigido pectore pone caput;
nec sinus admittat digitos habilesve papillae;
    oscula praecipue nulla dedisse velis!
oscula si dederis, fiam manifestus amator
    et dicam 'mea sunt!' iniciamque manum.   40
Haec tamen adspiciam, sed quae bene pallia celant,
    illa mihi caeci causa timoris erunt.
nec femori committe femur nec crure cohaere
    nec tenerum duro cum pede iunge pedem.
multa miser timeo, quia feci multa proterve,   45
    exemplique metu torqueor, ecce, mei.

Questions for Ovid Amores 1.4.35-46

1. Summarize the selection.
2. Outline the continued commands. Quote the Latin text that supports your answer.
3. Identify two figures of speech at use in this selection. Quote the Latin text that supports your answer.
4. Discuss the change in tone that happens in lines 45-46. Quote the Latin text that supports your answer.

Ovid Amores 1.4.47-58 Tier 1

Saepe celer voluptas mihi et pueallae meae finit dulce opus sub veste quae super nos iacet.

Tu non hoc facies; sed, ne quis te id fecisse putet, remove vestem de mensa tua.

Roga ut vir tuus bibat usque – absint oscula tua precibus eius! Et dum vir tuus bibit, adde vinum secrete, si potes.

Si vir bene positus somno vini iacebit, et eventus et locus nobis consilium dabunt.

Cum tu sruges, abiens domum, cum nos omnes surgemus, fac ut memor sis ut eas (that you should go) in mediam lineam turbae.

Tu invenies me in linea, aut ego inveniam te in illa linea: ibi, tange quiquid mei poteris tangere.

Ovid Amores 1.4.47-58 Tier 2

Saepe properata voluptas mihi dominaeque peregit dulce opus sub veste iniecta.

Hoc tu non facies; sed, ne puteris fecisse, deme conscia pallia de tergo tuo.

Roga ut vir bibat usque – desint tamen oscula precibus! – dumque bibit, adde merum furtim, si potes.

Si bene conpositus somno vinoque iacebit, resque
locusque nobis consilium dabunt.

Cum surges abitura domum, omnes surgemus et,
fac memor eas in medium agmen turbae.

Invenies me agmine aut invernieris in illo:
quidquid mei poteris tangere ibi, tange.

Ovid Amores 1.4.47-58 Carmen Ipsum

saepe mihi dominaeque meae properata voluptas
    veste sub iniecta dulce peregit opus.
hoc tu non facies; sed, ne fecisse puteris,
    conscia de tergo pallia deme tuo.   50
vir bibat usque roga—precibus tamen oscula desint!—
    dumque bibit, furtim si potes, adde merum.
si bene conpositus somno vinoque iacebit,
    consilium nobis resque locusque dabunt.
cum surges abitura domum, surgemus et omnes,   55
    in medium turbae fac memor agmen eas.
agmine me invenies aut invenieris in illo:
    quidquid ibi poteris tangere, tange, mei.

Questions for Ovid Amores 1.4.47-58

1. Summarize the selection.
2. Outline the continued commands. Quote the Latin text that supports your answer.
3. Identify two figures of speech at use in this selection. Quote the Latin text that supports your answer.
4. Discuss Ovid's hope for the end of dinner.

Ovid Amores 1.4.59-70 Tier 1

Me miserum! Monui id quod bonus est modo paucas horas; Nox iubens me a domina mea dividit.

Vir tuus te in domo claudet nocte, ego tristis lacrimis fluentibus, qua licet (in as much as it is permitted), sequar te usque ad saevam ianuam.

Iam vir tuus oscula sumet, iam non tantum oscula sumet, id quod tu mihi secrete das, illi viro tu coacta iure (compelled by right) dabis.

Sed id illi viro da invita (unwillingly), - potes hoc facere – sicut tu coacta es; blanditiae taceant, et Venus sit mala.

Si meae preces fortes sunt, opto ne illi viro aut tibi placeat; si preces meae fortes non sunt, sed certe tibi non placeat.

Sed tamen quaecumque (whichever) fortuna noctem sequetur, cras tu, constanti voce, dic mihi te illi viro nihil dedisse!

Ovid Amores 1.4.59-70 Tier 2

Me miserum! Monui quod prosit in paucas horas;
separor a domina mea nocte iubente.

Vir te includet nocte, ego maestus lacrimis
obortis, qua licet, prosequar usque ad saevas
fores.

Iam oscula sumet, iam non tantum oscula sumet:
quod mihi furtim das, coacta iure dabis.

Verum dato invita – potes hoc – similisque
coactae; blanditiae taceant, Venusque sit maligna.

Si mea vota valent, opto ne illum quoque iuvet; si
minus, at certe inde nihil te iuvet.

Sed tamen quaecumque fortuna sequetur noctem,
cras mihi, constanti voce, dedisse nega!

Ovid Amores 1.4.59-70 Carmen Ipsum

Me miserum! monui, paucas quod prosit in horas;
    separor a domina nocte iubente mea.   60
nocte vir includet, lacrimis ego maestus obortis,
    qua licet, ad saevas prosequar usque fores.
oscula iam sumet, iam non tantum oscula sumet:
    quod mihi das furtim, iure coacta dabis.
verum invita dato—potes hoc—similisque coactae;   65
    blanditiae taceant, sitque maligna Venus.
si mea vota valent, illum quoque ne iuvet, opto;
    si minus, at certe te iuvet inde nihil.
sed quaecumque tamen noctem fortuna sequetur,
    cras mihi constanti voce dedisse nega!   70

Questions for Ovid Amores 1.4.59-70

1. Summarize this selection.
2. Discuss the entire poem in terms of how it fits with themes typical of Roman love poetry.
3. Describe why Ovid feels sorry for himself in 59-60.
4. Outline the fears that Ovid has. Quote the Latin text that supports your answer.
5. Outline the final commands that Ovid gives the girl.
6. Explain why Ovid wants to be deluded (line 70).

Ovid Amores 1.6.1-10 Tier 1

Ianitor – indignum! – religate (bound) dura catena, aperi ianuam difficilem cardine (hinge) moto!

Id quod volo est parvum– aperi ianuam sic ut semiaperta ianua capiat obliquum latus (a turned side, that is a man entering sideways).

Longus amor diminuit corpus meum in tales usus (for such use) et dedit mihi apta membra subducto pondere.

Ille (Amor) monstrat leviter ire per excubias (the watch) custodum: ille derigit tacitos pedes.

Olim timebam noctem et umbras vanas; mirabar quiquis tenebris (in the dark) iturus erat.

Ovid Amores 1.6.1-10 Tier 2

Ianitor – indignum! – religate dura catena, pande forem difficilem cardine moto!

Quod precor, exiguum est – fac ut ianua parvo aditu semiadaperta capiat obliquum latus.

Longus amor tenuavit corpus in tales usus aptaque membra subducto pondere dedit.

Ille monstrat leviter ire per excubias custodum: ille derigit inoffensos pedes.

At quondam timebam noctem simulacraque vana;
mirabar, quiquis tenebris iturus erat.

Ovid Amores 1.6.1-10 Carmen Ipsum

Ianitor—indignum!—dura religate catena,
    difficilem moto cardine pande forem!
quod precor, exiguum est—aditu fac ianua parvo
    obliquum capiat semiadaperta latus.
longus amor tales corpus tenuavit in usus   5
    aptaque subducto pondere membra dedit.
ille per excubias custodum leniter ire
    monstrat: inoffensos derigit ille pedes.
At quondam noctem simulacraque vana timebam;
    mirabar, tenebris quisquis iturus erat.   10

Questions for Ovid Amores 1.6.1-10

1. Summarize the selection.
2. Based on the opening lines, what kind of poem will this be?
3. Which themes do you expect to see throughout this poem?
4. Outline three ways in which Cupid has made Ovid more fit to be a lover. Quote the Latin text that supports your answer.
5. Identify a figure of speech at use in these lines. Quote the Latin text that supports your answer.
6. How does the opening of this poem differ from other poems of the same genre?

Ovid Amores 1.6.11-24 Tier 1

Cupido risit, ut audirem, cum molle matre et leviter ait "tu quoque potes esse fortis."

Sine mora, amor venit – nunc non timeo umbras volantes nocte, nec timeo manus tendentes ut me necarent.

Nunc te Timeo, ianitor, nimium lentum (too slow), tibi uni blandior (I flatter only you); tu habes fulmen quo possis me perdere.

Specta – ut videas, solve crudelem claustrum (lock) – ut ianua facta sit umida lacrimis meis!

Certe ego tuli verba ad dominam tuam pro te tremente cum tu stares, nudus, ad verbera (for a beating).

Ergo gratia (favor) dominae quae valuit pro te quoque – heu facinus! – illa gratia pro me nunc non satis valet?

Redde gratiam! Licet tibi grato optas quo esse. Tempora noctis volat; remove seram (lock bar) e poste.

Ovid Amores 1.6.11-24 Tier 2

Cupido risit, ut audirem, cum tenerea matre et leviter ait "tu fies quoque fortis."

Nec mora, amor venit – non timeo umbras volantes nocte, strictas manus in mea fata.

Timeo te nimium lentum, blandior tibi uni; tu habes fulmen quo possis me perdere.

Adspice – ut videas, relaxa inmitia claustra – ut ianua facta sit uda lacrimis meis!

Certe ego, cum stares veste posita ad verbera, tuli verba ad dominam pro te tremente.

Ergo gratia quae quondam valuit pro te quoque – heu facinus! – illa pro me nunc parum valet?

Redde vicem meritis! Licet grato esse quod optas. Tempora noctis eunt; excute seram poste!

Ovid Amores 1.6.11-24 Carmen Ipsum

risit, ut audirem, tenera cum matre Cupido
    et leviter 'fies tu quoque fortis' ait.
nec mora, venit amor—non umbras nocte volantis,
    non timeo strictas in mea fata manus.
te nimium lentum timeo, tibi blandior uni;   15
    tu, me quo possis perdere, fulmen habes.
Adspice—uti videas, inmitia claustra relaxa—
    uda sit ut lacrimis ianua facta meis!
certe ego, cum posita stares ad verbera veste,
    ad dominam pro te verba tremente tuli.   20
ergo quae valuit pro te quoque gratia quondam—
    heu facinus!—pro me nunc valet illa parum?
redde vicem meritis! grato licet esse quod optas.
    tempora noctis eunt; excute poste seram!

Questions for Ovid Amores 1.6.11-24

1. Summarize this section of the poem.
2. Outline three objects of fear presented in this section. Quote the Latin text that supports your answer.
3. Outline Ovid's argument for why the door should be opened in this section.
4. How does Ovid use asyndeton and anaphora in this selection? Quote the Latin text that supports your answer.

Ovid Amores 1.6.25-36 Tier 1

Remove seram (lock bar)! Sic, inquam, remove te longa catena, nec bibe aquam servitutis perpetuo!

Ferreus ianitor me orantem frustra audis, ianua, quae viribus ligneis duris sustinetur, sine motu stat.

Clausae portae sunt bona defensa cum urbs oppugnata est; in media pace, cur tu arma times?

Quid tu, quo sic amantem prohibes, hosti facies? Tempora noctis volant; remove seram poste!

Non ego venio comitatus (accompanied by) militibus armatis; solus eram, si saevus Amor non adesset.

Ego Amorem numquam mittere possum, etsi cupiam; Primum etsi ego ipse dividar a membris meis.

Ovid Amores 1.6.25-36 Tier 2

Excute! Sic, inquam, relevere longa catena, nec aqua serva tibi perpetuo bibatur!

Ferreus, ianitor, orantem nequiquam audis, ianua fulta riget roboribus duris.

Clausae portae prosunt munimina urbibus obsessis; in media pace quid arma times?

Quid facies hosti qui sic amantem excludis?
Tempora noctis eunt; excute seram poste!

Non ego venio comitatus militibus et armis; solus
eram, si non saevus Amor adesset.

Ego hunc nusquam dimittere possum, si cupiam;
vel ante ipse dividar a membris meis.

Ovid Amores 1.6.25-36 Carmen Ipsum

Excute! sic, inquam, longa relevere catena,   25
   nec tibi perpetuo serva bibatur aqua!
ferreus orantem nequiquam, ianitor, audis,
   roboribus duris ianua fulta riget.
urbibus obsessis clausae munimina portae
   prosunt; in media pace quid arma times?   30
quid facies hosti, qui sic excludis amantem?
   tempora noctis eunt; excute poste seram!
Non ego militibus venio comitatus et armis;
   solus eram, si non saevus adesset Amor.
hunc ego, si cupiam, nusquam dimittere possum;   35
   ante vel a membris dividar ipse meis.

Questions for Ovid Amores 1.6.25-36

1. Summarize this selection of the poem.
2. Outline Ovid's argument for why he should be let in through this section. It will help to read through line 40. Quote the Latin text that supports your answer.
3. Identify the use of hendiadys in this selection. Quote the Latin text that supports your answer.
4. Identify one other figure of speech used in this selection. Quote the Latin text that supports your answer.

Ovid Amores 1.6.37-48 Tier 1

Ergo Amor et parva pars vini sunt circum caput meum et corona lapsa humidis capillis est mecum.

Quis haec arma timeat? Quis non contra illa arma eat (who would'nt go against)? Tempora noctis volant; remove seram e poste!

Tardus es: an dormis. Verbane amantis, qui te male perdat, somnus verba dat in ventos, verba repulsa ab aure tua?

Sed memini (I remember), cum primo volebam aliquid a te occultare, vigilabas per mediam noctem.

Et forsitan tua amica nunc tecum dormit – heu, sors tua melior tam multo quam sors mea!

Dum res in hoc modo sint, muta locum tuum mecum, catenae durae sint mihi! Tempora noctis volant! Remove seram e poste!

Ovid Amores 1.6.37-48 Tier 2

Ergo Amor et modicum vinum circa mea tempora
mecum est et lapsa corona madidis comis.

Quis haec arma timeat? Quis non eat obvius illis?
Tempora noctis eunt; excute seram poste!

Lentus es: an somnus, verba amantis, qui te male
perdat, dat in ventos repulsa aure tua?

At, memini, primo, cum te celare volebam, eras
pervigil in sidera mediae noctis.

Et forsitan tua amica nunc tecum requiescit – heu,
sors tua melior quanto sorte mea!

Dummodo sic, transite durae catenae in me!
Tempora noctis eunt; excute seram poste!

Ovid Amores 1.6.37-48 Carmen Ipsum

ergo Amor et modicum circa mea tempora vinum
    mecum est et madidis lapsa corona comis.
arma quis haec timeat? quis non eat obvius illis?
    tempora noctis eunt; excute poste seram!   40
Lentus es: an somnus, qui te male perdat, amantis
    verba dat in ventos aure repulsa tua?
at, memini, primo, cum te celare volebam,
    pervigil in mediae sidera noctis eras.
forsitan et tecum tua nunc requiescit amica—   45
    heu, melior quanto sors tua sorte mea!
dummodo sic, in me durae transite catenae!
    tempora noctis eunt; excute poste seram!

Questions for Ovid Amores 1.6.37-48

1. Summarize this section of the poem.
2. Outline Ovid's state as he stands at the door. Quote the Latin text that supports your answer.
3. What shows that Ovid has likely just come from a party?
4. How does Ovid hint that he may just be talking to the door? Quote the Latin text that supports your answer.
5. Identify a figure of speech used in this section. Quote the Latin text that supports your answer.

Ovid Amores 1.6.49-64 Tier 1

fallor, vel ianua apertens sonum fecit, et ianua pulsata rauca signa dedit?

Fallor – ianua pulsata est vento animoso. Ei mihi, quam longe ventus tulit spem meam!

Si satis est, Borea, habe in mente tua Orinthiam quae rapta est a te, huc ades (imperative-be here) et verbera vento ianuam quae non audit!

Tacitum est in tota urbe, et tempora humida vitreo rore (with glassy dew) noctis volant; remove seram e poste!

Aperi ianuam aut ego ipse sum paratior, petam tecta superba et ferro et igni quem in face mea teneo.

Nox et Amor et vinum monent nihil moderabile; illa nox est sine pudore, Liber (Bacchus) et amor sunt sine metu.

Temptavi omnia, nec possum te movere aut precibus aut minis (threats), O ipse ianitor durior quam ianua tua.

Non debes servare limina formosae puellae, debuisti servare limina anxii carceris.

Ovid Amores 1.6.49-64 Tier 2

Fallimur, an postes cardine verso sonuerunt,
foresque concussae rauca signa dederunt?

Fallimur – ianua inpulsa est vento animoso. Ei
mihi, quam longe aura tulit spem meam!

Si satis es, Borea, memor raptae Orithyiae, huc
ades et tunde surdas fores flamine!

Tota urbe silent, madentiaque vitreo rore tempora
noctis eunt; excute seram poste!

Aut ego ipse iam paratior ferroque ignique, quem
face sustineo, tecta superba petam.

Nox et Amor vinumque suadent moderabile nihil;
illa (nox) pudore vacat, Liber Amorque (vacant)
metu.

Consumpsi omnia, nec te precibusque minisque
movimus, o ipse durior foribus tuis.

Non decuit te servare limina formosae puellae,
dignus eras sollicito carcere.

Ovid Amores 1.6.49-64 Carmen Ipsum

Fallimur, an verso sonuerunt cardine postes,
    raucaque concussae signa dedere fores?   50
fallimur—inpulsa est animoso ianua vento.
    ei mihi, quam longe spem tulit aura meam!
si satis es raptae, Borea, memor Orithyiae,
    huc ades et surdas flamine tunde foris!
urbe silent tota, vitreoque madentia rore   55
    tempora noctis eunt; excute poste seram!
Aut ego iam ferroque ignique paratior ipse,
    quem face sustineo, tecta superba petam.
nox et Amor vinumque nihil moderabile suadent;
    illa pudore vacat, Liber Amorque metu.   60
omnia consumpsi, nec te precibusque minisque
    movimus, o foribus durior ipse tuis.
non te formosae decuit servare puellae
    limina, sollicito carcere dignus eras.

Questions for Ovid Amores 1.6.49-64

1. Summarize this section of the poem.
2. Identify *Borea* (Line 53).
3. Identify *Orithyiae* (line 53). Explain how this reference affects the poem.
4. Outline Ovid's new plan for getting into the house throughout this section. Quote the Latin text that supports your answer.
5. Identify *Liber* (line 60.) Explain how Ovid is using Liber.
6. How do we know that Ovid is giving up? Quote the Latin text that supports your answer.
7. Identify two figures of speech in this extract. Explain how they affect the poem. Quote the Latin text that supports your answer.

Ovid Amores 1.6.65-74 Tier 1

Iamque frigidus Lucifer movet currum (axes-axles and therefore chariot), et avis excitat miseros in suum laborem.

Sed tu, corona lapsa tristibus capillis, iace super dura limina per totam noctem. Tu eris testis (a witness) dominae, cum domina te iacentem mane videbit, eris testis temporis absumpti tam male.

Qualiscumque ianitor vale, et audi honorem abeuntis; O lente ianitor, nec sine honore admisso amante, vale!

Vos quoque, crudeles postes cum rigido limine et dura ligna conservae (fellow slave) fores, valete.

Ovid Amores 1.6.65-74 Tier 2

Iamque pruinosus Lucifer molitur axes, excitatque ales miseros in suum opus.

At tu, corona detracta non laetis capillis, iace super dura limina tota nocte!

Tu testis eris dominae, cum te proiectam mane videbit, temporis tam male absumpti.

Qualiscumque vale sentique honorem abeuntis; lente, nec turpis admisso amante, vale!

Vos quoque, crudeles postes cum rigido limine
duraque ligna conservae, fores, valete!

Ovid Amores 1.6.65-74 Carmen Ipsum

Iamque pruinosus molitur Lucifer axes,   65
    inque suum miseros excitat ales opus.
at tu, non laetis detracta corona capillis,
    dura super tota limina nocte iace!
tu dominae, cum te proiectam mane videbit,
    temporis absumpti tam male testis eris.   70
Qualiscumque vale sentique abeuntis honorem;
    lente nec admisso turpis amante, vale!
vos quoque, crudeles rigido cum limine postes
    duraque conservae ligna, valete, fores!

Questions for Ovid Amores 1.6.65-74

1. Summarize this section of the poem.
2. Discuss how this entire poem fits with themes typically
   found in Roman love poetry.
3. How does Ovid's garland take over the usual role of the
   exclusus amator?
4. Identify *Lucifer* (line 65).
5. Look back at the opening of the poem. Does the poem end
   the way you expected it? How does the poem play with the
   typical elements of the paraclausithyron?

Glossary

This glossary has been obtained with Collatinus 11. Collatinus 11 is a free and open tool developped by Yves Ouvrard and Philippe Verkerk and it can be downloaded from http://outils.biblissima.fr/en/collatinus/index.php.

Note on using the glossary: This glossary includes the letter j, so every consonantal -I is a -j instead.

a
ā, ăb, ābs, *prép. + abl.* : by (agent), from (departure, cause, remote origin/time); after (reference);
ā, *interj.* : ah! alas! ha! ah me!
abesse
ābsŭm, *es, esse, afui* : to be away/absent/distant/missing; to be free/removed from; to be lacking; to be distinct;
abi
ăbĕo, *is, ire, ii, itum* : to depart, go away; to go off, go forth; to pass away, die, disappear; to be changed;
abstulit
āufĕro, *fers, ferre, abstuli, ablatum* : to bear/carry/take/fetch/sweep/snatch away/off, remove, withdraw; to steal, obtain;
accipiat
accipies
ăccĭpĭo, *is, ere, cepi, ceptum* : to take, grasp, receive, accept, undertake; to admit, let in, hear, learn; to obey;
acquiescat
ăcquĭesco, *is, ere, quieui, quietum* : to lie with (w/cum), to rest/relax; to repose (death); to acquiesce/assent/submit; to subside;
acris
ācĕr, *cris, cre* : sharp, bitter, pointed, piercing, shrill; sagacious, keen; severe, vigorous;
ad
ăd, *prép. + acc.* : to, up to, towards; near, at; until, on, by; almost; according to; about w/NUM;
addebat
āddo, *is, ere, didi, ditum* : to add, insert, bring/attach to, to say in addition; to increase; to impart; to associate;

adepta
ădĭpīscŏr, *eris, i, adeptus sum* : to arrive at, to reach.
ades
adest
ādsŭm, *es, esse, adfui* : to be near, to be present, to be in attendance, to arrive, appear; to aid (w/DAT);
adulterium
ădūltĕrĭŭm, *i, n.* : adultery; blending/mixing of different strains/ingredients; contamination;
advenit
ādvĕnĭo, *is, ire, ueni, uentum* : to come to, to arrive; to arrive at, to reach, be brought; to develop, set in, to arise;
adventu
ādvēntus, *us, m.* : arrival, approach; visit, appearance, advent; ripening; invasion, incursion;
ādvĕnĭo, *is, ire, ueni, uentum* : to come to, to arrive; to arrive at, to reach, be brought; to develop, set in, to arise;
adversus
ādvērsŭs, *prép. + acc. adv.* : turned toward, opposite, in front of
ādvērsus, *a, um* : facing, opposite, against, towards; contrary to; face to face, in presence of;
ādvērto, *(aduorto) is, ere, uerti, uersum* : to turn/face to/towards; to direct/draw one's attention to; to steer/pilot (ship);
advocatus
ādvŏcātus, *i, m.* : counselor, advocate, professional pleader; witness, supporter, mediator;
ādvŏco, *as, are* : to call, summon, invite, convoke, call for; to call in as counsel; to invoke the Gods;
aequales
āequālĭs, *e* : comrade; person of one's age/rank/ability, contemporary; equivalent;

aequom

aequuum

āequus, āecus, *a, um* : level, even, equal, like; just, kind, impartial, fair; patient, contented;

āequum, *i, n.* : -I. level ground, a plain, an eminence -II. subst., equitable conduct toward others, fairness, equity, et, according to greater equily

aequus

āequus, āecus, *a, um* : level, even, equal, like; just, kind, impartial, fair; patient, contented;

agedum

ăgědŭm, *interj.* : come!, go to!, well!, all right!;

agit

ăgo, *is, ere, egi, actum* : to drive/urge/conduct/act; to spend (time w/cum); to thank (w/gratias); deliver

agricolae

ăgrĭcŏla, *ae, m.* : farmer, cultivator, gardener, agriculturist; plowman, countryman, peasant;

alio

ălĭus, *a, ud, pron.* : the_one ... the_other (alius ... alius);

ălĭŏ, *adv.* : to another place, to another, elsewhere, to some other place, to another subject, had a very different purpose, in one way ... in another; hither ... thither, each in a different way, one in one way ... another in another, negative, quam, nisi, for nothing else

aliquid

aliquis

ălĭquis, *a, id, pron.* : Somebody or other

amant

ămo, *as, are* : to love, like; to fall in love with; to be fond of; to have a tendency to;

amanti

ămo, *as, are* : to love, like; to fall in love with; to be fond of; to have a tendency to;

ămāns, *antis* : loving/fond/affectionate; beloved/dear to; friendly/kind; having love/ a lover

amare

amat

amata

ămo, *as, are* : to love, like; to fall in love with; to be fond of; to have a tendency to;

ambas

āmbo, *ambae, o, pl.* : les deux ensemble

amicae

ămīca, *ae, f.* : female friend; girl friend, sweetheart; patron; mistress, concubine; courtesan;

ămīcus, *a, um* : friendly, dear, fond of; supporting (political), loyal, devoted; loving;

amici

amico

ămīcus, *i, m.* : friend

ămīcus, *a, um* : friendly, dear, fond of; supporting (political), loyal, devoted; loving;

amisit

ămītto, *is, ere, misi, missum* : to lose; to lose by death; to send away, to dismiss; to part with; to let go/slip/fall, to drop;

amore

amorem

amores

ămŏr, *oris, m.* : love; affection; the beloved; Cupid; affair; sexual/illicit/homosexual passion;

An

ăn, *conj.* : - can it be that (introduces question expecting negative answer/further question); - whether; (utrum ... an = whether ... or); or; either;

ancillis

ăncīlla, *ae, f.* : slave girl; maid servant; handmaid; (opprobrious of man); nun (selfdescribed);

animi

animos

ănĭmus, *i, m.* : mind; intellect; soul; feelings; heart; spirit, courage, character, pride; air;

ante

ăntĕ, *prép. +acc.* : in front/presence of, in view; before (space/time/degree); over against,

āntēs, *ium, m.* : rows, ranks

antiquum

āntīquus, *a, um* : old/ancient/aged; time-honored; simple/classic; venerable; archaic/outdated;

āntīquum, *i, n.* : antiquity, the things of olden times

aperire
aperireque
aperit
ăpĕrĭo, *is, ire, ui, apertum* : to uncover, open, disclose; to explain, recount; to reveal; to found; to excavate; to spread out;
aperto
ăpĕrĭo, *is, ire, ui, apertum* : to uncover, open, disclose; to explain, recount; to reveal; to found; to excavate; to spread out;
ăpĕrtus, *a, um* : open
ăpĕrtum, *i, n.* : that which is open, free; an open, clear space
appetenti
ădpĕto, *is, ere, petivi (petii), petitum* : one who is covetous;
ăppĕtēns, *entis* : eager/greedy/having appetite for (w/GEN), desirous; avaricious/greedy/covetous;
apud
ăpŭd, ăpŭt, *prép. + acc.* : or aput, at, by, near, among; at the house of; before, in the presence/writings/view of;
aqua
ăqua, *ae, f.* : water; sea, lake; river, stream; rain, rainfall (pl.), rainwater; spa; urine;
aranearum
ărānĕa, *ae, f.* : spider's web, cobweb; mass of threads resembling a spider web; spider;
aratro
ărātrŭm, *i, n.* : plow;
ardebat
ardebunt
ārdĕo, *es, ere, arsi, arsurus* : to be on fire; to burn, blaze; to flash; to glow, sparkle; to rage; to be in a turmoil/love;
ardenti
ārdēns, *entis* : glowing, fiery, hot, ablaze, sparkling, gleaming, fiery, Burning, ardent, impassioned
ārdĕo, *es, ere, arsi, arsurus* : to be on fire; to burn, blaze; to flash; to glow, sparkle; to rage; to be in a turmoil/love;
ardor
ārdŏr, *oris, m.* : fire, flame, heat; brightness, flash, gleam or color; ardor, love, intensity; passion
artus
ārtus, *us, m.* : the muscular strength in the joints; hence, in gen., strength, power; the limbs

ārtus, *a, um* : close, firm, tight; thrifty; dense, narrow; strict; scarce, critical; brief;
arvo
ārvŭm, *i, n.* : female external genitalia (rude);
aspexi
aspicite
ăspĭcĭo, *is, ere, spexi, spectum* : to look/gaze on/at, see, observe, behold, regard; to face; to consider, contemplate;
at
ăt, *conj. coord.* : but, but on the other hand; on the contrary; while, whereas; but yet; at least;
Atalantae
Ătălāntē, *es, f.* : A daughter of King Schœneus, in Bœotia, distinguished for her swiftness in running, conquered by Hippomenes, by Milanion, by stratagem, and married by him
atque
ātquĕ, *conj. coord.* : and, as well/soon as; together with; and moreover/even; and too/also/now; yet;
Atqui
ātquī, *conj. coord.* : but, yet, notwithstanding, however, rather, well/but now; and yet, still;
attigerit
ādtīngo, āttĭgo, *is, ere, tigi, tactum* : to wipe/smear on?;
attuleris
ādfĕro, *fers, ferre, adttuli att-, adlatum all-* : to bring to, to carry, convey; to report, bring word, allege, announce; to produce, cause;
āttŭlo, *is, ĕre* : to bring to
auctet
āucto, *as, are* : to increase, enlarge much
audio
audire
audit
audivi
āudĭo, *is, ire, iui, itum* : to hear, listen, accept, agree with; to obey; to harken, pay attention; to be able to hear;
aurae
āura, *ae, f.* : breeze, breath (of air), wind; gleam; odor, stench; vapor; air (pl.), heaven;

aureolum
āurĕŏlus, *a, um* : golden, made of gold, gold colored; beautiful, brilliant, excellent, splendid;
Aures
auresque
āurĭs, *is, f.* : "ear; hearing; a discriminating sense of hearing, ""ear"" (for); pin on plow;"
aureum
āurĕus, *a, um* : of gold, golden; gilded; gold bearing; gleaming like gold; beautiful, splendid;
āurĕus, *i, m.* : the standard gold coin of Rome, a gold piece, s., d., shekels
auriculam
āurĭcŭla, *ae, f.* : ear (part of body/organ of hearing); sense of hearing;
auscultare
āuscŭlto, *as, are* : to listen (to); to overhear, listen secretly; to heed, obey;
aut
āut, *conj. coord.* : or, or rather/else; either...or (aut...aut) (emphasizing one);
ave
ăvĭs, *is, f.* : bird; sign, omen, portent;
ăvē, *interj.* : hail!, formal expression of greetings;
ăvus, *i, m.* : grandfather; forefather, ancestor;
avellere
āvēllo, *is, ere, uulsi, uulsum* : to tear/pluck/wrench away/out/off; to separate by force, part; to take away, wrest;
avem
avis
ăvĭs, *is, f.* : bird; sign, omen, portent;
Balbo
Bālbus, *i, m.* : Name
beatas
bĕātus, *a, um* : happy, fortunate, bringing happiness; rich, wealthy, copious, sumptuous;
bĕo, *as, are, tr.* : bless, make happy, gladden, delight; enrich (with);
bene
bĕnĕ, *adv.* : well, very, quite, rightly, agreeably, cheaply, in good style; better; best;

benigne
bĕnīgnē, *adv.* : kindly, benevolently, obligingly; courteously, cheerfully; freely, generously;
bĕnīgnus, *a, um* : kind, favorable, obliging; kindly, mild, affable; liberal, bounteous;
beta
bēta, *ae, f.* : a vegetable, the beet
bona
bonam
bŏnus, *a, um* : good, honest, brave, noble, kind, pleasant, right, useful; valid; healthy;
boves
bōs, *bouis, m.* : ox; bull; cow; ox-ray; cattle (pl.); (ox-like animals)
Brixia
Brixiam
Brīxĭa, *ae, f.* : a town in Northern Italy, West of Verona; modern day Brescia
cachinnos
cachinnis
căchīnnus, *i, m.* : loud/excessive/boisterous/derisive laugh, guffaw; jeer; (applied to waves);
Caecilii
Caecilio
Caecilium
Caecilius
Cāecĭlĭus, *i, m.* : the name, Caecilius
caeco
căecus, *a, um* : blind; unseeing; dark, gloomy, hidden, secret; aimless, confused, random; rash;
caelo
căelŭm, cŏelum, *i, n.* : - sky, heavens; space; air, climate, weather; universe, world;
candida
candidam
cāndĭdus, *a, um* : - bright, clear, transparent; clean/spotless; lucid; candid; kind; innocent, pure; - radiant, unclouded; (dressed in) white; of light color; fair skinned, pale;
canent
căno, *is, ere, cecini, cantum* : to sing, celebrate, chant; to crow; to recite; to play (music)/sound (horn); to foretell;
capta
căpĭo, *is, ere, cepi, captum* : taking/seizing; catch/grasp/seize/reach;

cara

cārus, chārus, *a, um* : dear, beloved; costly, precious, valued; high-priced, expensive;

Carmen

cārmĕn, *minis, n.* : song/music; poem/play; charm; prayer, incantation, ritual/magic formula;

carpere

carptus

carpunt

cārpo, *is, ere, carpsi, carptum* : - to seize/pick/pluck/gather/browse/tear off; to graze/crop; to tease/pull out/card (wool); - to separate/divide, tear down; to carve; to despoil/fleece; to pursue/harry; to consume/ erode;

carum

cārus, chārus, *a, um* : dear, beloved; costly, precious, valued; high-priced, expensive;

castam

castum

cāstus, *a, um* : pure, moral; chaste, virtuous, pious; sacred; spotless; free from/untouched by;

Catulle

Catulli

Catullus

Cătŭllus, *i, m.* : Catullus

causa

cāusa, cāussa, *ae, f.* : for sake/purpose of (preceded by GEN.), on account/behalf of, with a view to;

celeri

cĕlĕr, *eris, ere* : swift, quick, agile, rapid, speedy, fast; rash, hasty, hurried; lively; early;

cenabis

cēno, *as, are* : to dine, eat dinner/supper; to have dinner with; to dine on, make a meal of;

cenam

cēna, *ae, f.* : dinner/supper, principal Roman meal (evening); course; meal; company at dinner;

cernitis

cērno, *is, ere, creui, cretum* : to sift, separate, distinguish, discern, resolve, determine; to see; to examine; to decide;

certe

cērtĕ, *adv.* : surely, certainly, without doubt, really; at least/any rate, in all events;

cērtus, *a, um* : fixed, settled, firm; certain; trusty/reliable; sure; resolved, determined;

certest

cērtĕ, *adv.* : surely, certainly, without doubt, really; at least/any rate, in all events;

cērtus, *a, um* : fixed, settled, firm; certain; trusty/reliable; sure; resolved, determined;

ciborum

cĭbus, *i, m.* : food; fare, rations; nutriment, sustenance, fuel; eating, a meal; bait;

circum

cĭrcŭm, *adv.* : around, about, among, near (space/time), in neighborhood of; in circle around;

cĭrcus, *i, m.* : race course; circus in Rome, celebration of games; circle; orbit;

clamant

clāmo, *as, are* : to proclaim, declare; to cry/shout out; to shout/call name of; to accompany with shouts;

claudere

clāudo, *(cludo) is, ere, clausi, clausum* : to limp, stumble/falter/hesitate; to be weak/imperfect, fall short; to be lame, hobble;

clāudo, *is, ere, clausi, clausum, intr.* : to limp, halt, to be lame, to falter

clausis

clāudo, *(cludo) is, ere, clausi, clausum* : to close; **hortis clausis-** in an enclosed garden

cogitationes

cōgĭtātĭŏ, *onis, f.* : thinking, meditation, reflection; thought; intention; plan; opinion, reasoning;

cognitum

cōgnĭtus, *a, um* : known, acknowledged, approved., dat..

collo

collum

cōllŭm, *i, n.* : neck; throat; head and neck; severed head; upper stem (flower); mountain ridge;

coluere

coluerunt

cŏlo, *is, ere, colui, cultum* : - to live in (place), inhabit; to till, cultivate, promote growth; to foster, maintain; to embellish;

Comi
Novi Comi: A town in North Italy, West of Verona

complexu
cōmplēxus, *us, m.* : - surrounding, encompassing, encircling; clasp, grasp, hold, embrace; - sexual intercourse ; hand-to-hand fighting;

comprendis
cōmprĕhēndo, cōmprēndo, *is, ere, prehendi, prehensum* : - to catch/seize/grasp firmly; to arrest; to take hold/root/fire, ignite; to conceive - to embrace; to include/cover/deal with (in speech/law); to express (by term/symbol);

coniuge
cōnjūnx, *iugis, f.* : yoked together; paired; linked as a pair; spouse/mate/consort; husband/wife/bride/fiancee/intended; concubine; yokemate;

coniugere
cōnjŭgo, *as, are* : to join in marriage; to form a friendship; to join together, unite in

coniuncta
cōnjūngo, *is, ere, iunxi, iunctum* : - to connect, join/yoke together; to marry; to connect/compound (words) (w/ - to unite (sexually); to place/bring side-by-side; to juxtapose; to share; to add; to associate;
cōnjūnctus, *a, um* : United, connected;, bordering upon, near

conscelerasse
cōnscĕlĕro, *as, are* : to stain, pollute with guilt, to dishonor, disgrace by wicked conduct;, verb finit

Consurgite
cōnsūrgo, *is, ere, surrexi, surrectum* : - to rise/stand up (body of people); to rise (jury/from meal/to speak/from bed); - to aspire to, rouse, prepare; to break out, come from hiding; to grow/spring up, rise;

contingit
cōntīngo, *is, ere, tigi, tactum* : it happens, it turns out; (PERF) it came to pass;
cōntīngo, *is, ĕre* : to wet, moisten

contra
cōntrā, *prép. + acc.* : against
cōntrā, *adv.* : against, facing, opposite; weighed against; as against; in resistance/reply - contrary to, not in conformance with; the reverse of; otherwise than;

conubia
conubium
cōnūbĭŭm, *i, n.* : married partner/spouse, husband/wife; sexual union; ingrafting (plants);

convertite
cōnvērto, *is, ere, uerti, uersum* : to convert; to change, alter; to refresh; to turn;

convulsus
cōnvēllo, *is, ere, uulsi, uulsum* : - to shatter, batter, convulse, shake violently; to heave up, set in motion; - to pull/pluck/tug/tear up/at dislodge, uproot; to wrench, strain, dislocate

corde
cŏr, *cordis, n.* : heart; mind/soul/spirit; intellect/judgment; sweetheart; souls/persons (pl.);

Corneli
Cŏrnēlĭus, *i, m.* : Cornelius, a name

corpore
corpus
cŏrpŭs, *oris, n.* : - body; person, self; virility; flesh; corpse; trunk; frame(work); collection/ - substantial/material/concrete object/body; particle/atom; corporation, guild;

corrupisse
cōrrūmpo, *is, ere, rupi, ruptum* : - to spoil/rot; to taint/contaminate; to damage/ruin, undo; to destroy/deface; to digest; - to pervert, corrupt, deprave; to bribe, suborn; to seduce, tempt, beguile; to falsify;

Credo
crēdo, *is, ere, didi, ditum* : - to trust, entrust; to commit/consign; to believe, trust in, rely on, confide; to suppose; sure;

crescit
crēsco, *is, ere, creui, cretum* : - to come forth/to be; to arise/spring (from); to be born; to become visible/great; grow - to thrive, increase (size/number/honor), multiply; to ascend; to attain, be promoted;

crimina
crīmĕn, *inis, n.* : - indictment/charge/accusation; blame/reproach/slander; verdict/judgment

crudelior
crudelius
crūdēlĭs, *e* :
cruel/hardhearted/unmerciful/severe,
bloodthirsty/savage/inhuman; harsh/bitter;
cubile
cŭbīle, *is, n.* : bed, couch, seat; marriage
bed; lair, den, nest, pen, hive of bees; base,
bed;
cui
quī, *quae, quod, pron. rel.* : who; that;
which, what; of which kind/degree;
person/thing/time/point that
quĭs, *quae, quid, pron. interr.* : who?
which? what? what man?
culpa
culpam
cūlpa, *ae, f.* : - fault/blame/responsibility
(w/GEN); crime (esp. against chastity); -
offense; error; (sense of) guilt; fault/defect
(moral/other); sickness/
cum
cŭm, *conj.* : when, as, while; since,
because, as
cŭm, quŏm, quŭm, *prép. + abl. et adv.* :
with, together/jointly/along/simultaneous
with, amid; supporting; attached;
cupidine
cupidinesque
cŭpīdō, *dinis, f. (m.)* :
desire/love/wish/longing (passionate); lust;
greed, appetite; desire for gain;
cupido
Cupidoque
cŭpīdō, *dinis, f. (m.)* : desire/love/wish/
longing (passionate); lust; greed, appetite;
desire for gain;
cŭpīdus, *a, um* : eager/passionate; longing
for/desirous of (with gen.); greedy; wanton/
cur
cūr, *adv.* : why, wherefore; for what
reason/purpose?; on account of which?;
because;
curam
curas
cūra, *ae, f.* : - concern, worry, anxiety,
trouble; attention, care, pains, zeal;
currere
curret
cūrro, *is, ere, cucurri, cursum* : to
run/trot/gallop, hurry/hasten/speed,
move/travel/proceed/flow swiftly/quickly;

Custodia
cūstōdĭa, *ae, f.* : - protection, safe-keeping,
defense, preservation; custody, charge;
prisoner;
Cycnea
Cycneae
cȳcnĕus, *a, um* : of/pertaining to a swan,
swan-like; [vox ~ => swan-song, last
utterance];

dabo
dare
data
datum
datur
dŏ, *das, dare, dedi, datum* : - to give;
dedicate; to sell; to pay; to
grant/bestow/impart/offer/lend; to devote;
to allow; - to surrender/give over; to send
to die; to ascribe/attribute; to give
birth/produce;
de
dē, *prép. + abl.* : down/away from, from,
off; about, of, concerning; according to;
with regard to;
decebit
decet
dĕcĕt, *impers.* : It is seemly, comely,
becoming,; it beseems, behooves, is fitting,
suitable, proper
dederunt
dedit
dŏ, *das, dare, dedi, datum* : - to give;
dedicate; to sell; to pay; to
grant/bestow/impart/offer/lend; to devote;
to allow; - to surrender/give over; to send
to die; to ascribe/attribute; to give
birth/produce;
deducta
deduxit
dēdūco, *is, ere, duxi, ductum* : - to
lead/draw//pull/bring/stretch
down/away/out/off; to escort; to eject/evict
- to divert/draw (water); to draw (sword); to
spin; to deduct/reduce/lessen; to describe; -
to launch/bring downstream (ship); to
remove (force); to entice; to found/settle
deflectens
dēflēcto, *is, ere, flexi, flexum* : to bend/turn
aside/off; to deviate/change one's course; to
digress (speech); to alter

defloruit
dēflōrēsco, *is, ere, florui, intr.* : to drop its blossoms; to fade, wither
deliciae
dēlĭcĭae, *arum, f. pl.* : pleasure/delight/fun (usu. pl.), activity affording enjoyment, luxuries; - ornaments/decorations; erotic verse; charms; pet
demanat
dēmāno, *as, are* : to run/flow down; to percolate; to flow different ways (L+S); to descend; to descend from;
deo
deos
dĕus, *i, m.* : a god, a deity
deperit
dēpĕrĕo, *is, ire* : to perish/die; to be lost/totally destroyed; to be much in love with/love to
deseruisse
dēsĕro, *is, ere, ui, desertum* : to undo or sever (one's connection with another); to leave, forsake, abandon, desert, give up;
dēsērvĭo, *is, īre, intr.* : to serve zealously, be devoted to, subject to
desiderio
dēsīdĕrĭum, *ii, n.* : to desire/longing/want/requirement; to desire/grief/regret for dead/absent/loss;
desistere
dēsīsto, *is, ere, destiti, destitum* : to stop/cease/desist (from); to give up, leave/stand off; to dissociate oneself;
desponsa
dēspŏndĕo, *es, ere, di, sum* : to betroth, promise (woman) in marriage; to pledge, promise; to despair/yield/give up;
deus
di
dĕus, *i, m.* : a god, a deity
dic
dicas
dicent
dicentem
dicere
dicetur
dicit
dicitur
Dico
dicunt

dīco, *is, ere, dixi, dictum* : to say, declare, state; to allege, declare positively; to assert; to plead (case); to mean;
diebus
dĭes, *ei, m. et f.* : day; daylight; (sunlit hours); hours from midnight; open sky; weather;
digitum
dĭgĭtus, *i, m.* : finger; toe; finger's breadth, inch; / of a pes); twig;
diligenter
dīlĭgĕntĕr, *adv.* : carefully; attentively; diligently; scrupulously; thoroughly/completely/well;
Dindymi
Dīndȳmus, *a, um* : Dindymon is a mountain in Eastern Phrygia, where Cybele (The Titan Rhea) was worshipped, Cybele is also known as the magna mater
discedere
dīscēdo, *is, ere, cessi, cessum* : to go/march off, depart, withdraw; to scatter, dissipate; to abandon; to lay down (arms);
diu
dĭū, *adv.* : (for) a long/considerable time/while; long since; [quam diu => as long as];
divis
dīvus, *i, m.* : divine; blessed,
divisimus
dīvĭdo, *is, ere, uisi, uisum* : to divide; to separate, break up; to share, distribute; to distinguish;
divos
dīvus, *i, m.* : divine; blessed,
dixerit
dixi
diximus
dīco, *is, ere, dixi, dictum* : to say, declare, state; to allege, declare positively; to assert; to plead (case); to mean;
doctior
dŏctus, *a, um* : learned, wise; skilled, experienced, expert; trained; clever, cunning, shrewd;
doloris
dŏlŏr, *oris, m.* : pain, anguish, grief, sorrow, suffering; resentment, indignation;
domina
Dominam
dŏmĭna, *ae, f.* : mistress of a family, wife; lady, lady-love; owner;

141

domini

dominum

dŏmĭnus, *i, m.* : owner, lord, master;

domum

dŏmus, *us ou i, f.* : house, building; home, household; (N , older N ; [domu => at home];

donare

donarunt

dōno, *as, are* : To give (alicui aliquod, or aliquem aliqua re => one something as a present); to present, bestow; to grant, vouchsafe, confer; to forgive; give (gifts), bestow;

dormit

dormivit

dōrmĭo, *is, ire, iui, itum* : to sleep, rest; to be/fall asleep; to behave as if asleep; to be idle, do nothing;

dote

dōs, *dotis, f.* : dowry, dower; talent, quality;

dubio

dŭbĭŭm, *ii, n.* : doubt; question;

dŭbĭus, *a, um* : doubtful, dubious, uncertain; variable, dangerous; critical;

dubita

dubitare

dŭbĭto, *as, are* : to doubt; to deliberate; to hesitate (over); to be uncertain/irresolute;

dulce

dūlcĭs, *e* : pleasant, charming; sweet; kind, dear; soft, flattering, delightful;

dūlcē, *adv.* : sweetly, pleasantly;

dulcem

dulci

dūlcĭs, *e* : pleasant, charming; sweet; kind, dear; soft, flattering, delightful;

dum

dŭm, *conj. sub.* : while, as long as, until; provided that;

duobus

dŭŏ, *ae, o, pl.* : two (pl.);

ea

ĭs, *ea, id, adj. et pron.* : he/she/it/they (by GENDER/NUMBER); DEMONST that, he/she/it, they/them;

ĕā, *adv.* : par cet endroit

eadem

ĭdĕm, *eadem, idem, adj. pron.* : the same

eam

ĭs, *ea, id, adj. et pron.* : he/she/it/they (by GENDER/NUMBER); DEMONST that, he/she/it, they/them;

ĕo, *is, ire, iui, itum* : to go (of every kind of motion of animate or inanimate things), to walk, ride, sail, fly, move, pass;

educat

ēdūco, *is, ere* : to lead out; to draw up; to bring up, rear;

ēdŭco, *as, are* : to bring up, to rear, to educate

edunt

ĕdo, *edis, esse, edi, esum* : to eat/consume/devour; to eat away (fire/water/disease); to destroy; to spend money on

ego

ĕgŏ, *mei, pron.* : moi, me

egregium

ēgrĕgĭus, *a, um* : singular; distinguished; exceptional; extraordinary; eminent; excellent;

ei

ĭs, *ea, id, adj. et pron.* : he/she/it/they (by GENDER/NUMBER); DEMONST that, he/she/it, they/them;

ĕi, *interj.* : Ah! Woe!, oh dear, alas; (of grief or fear);

eius

ĭs, *ea, id, adj. et pron.* : he/she/it/they (by GENDER/NUMBER); DEMONST that, he/she/it, they/them;

elegantiusve

ēlĕgăntĕr, *adv.* : with correct choice, tastefully, neatly, finely, gracefully, elegantly.

ēlĕgāns, *antis* : elegant, fine, handsome; tasteful; fastidious, critical; discriminating,

ēlĕgāntĭŭs, *more elegant*

enim

ĕnĭm, *conj.* : namely (postpos.); indeed; in fact; for; I mean, for instance, that is to say;

eo

ĭs, *ea, id, adj. et pron.* : he/she/it/they (by GENDER/NUMBER); DEMONST that, he/she/it, they/them;

ĕō, *adv.* : there, to that place; on this account, therefore; to that degree, so far

ĕo, *is, ire, iui, itum* : to go (of every kind of motion of animate or inanimate things), to walk, ride, sail, fly, move, pass;

Eous

Ēŏus, *a, um* : Belonging to the morning, morning- ; Belonging to the east, eastern, orient

Ēŏus, *i, m.* : the morning-star

erat

sŭm, *es, esse, fui* : to be; to exist; (also used to form verb perfect passive tenses) with NOM PERF PPL

eripit

ērĭpĭo, *is, ere, ere, ripui, reptum* : to snatch away, take by force; to rescue;

eris

erit

es

esse

est

sŭm, *es, esse, fui* : to be; to exist; (also used to form verb perfect passive tenses) with NOM PERF PPL

et

ĕt, *conj. adv.* : and, and even; also, even; (et ... et = both ... and);

etiam

ĕtĭăm, *adv.* : - and also, besides/furthermore, in addition/as well; even, actually; yes/ - now too, as yet, still, even now; yet again; likewise; (particle); (et-iam);

eum

Ĭs, *ea, id, adj. et pron.* : he/she/it/they (by GENDER/NUMBER); DEMONST that, he/she/it, they/them;

euntem

ĕo, *is, ire, iui, itum* : to go (of every kind of motion of animate or inanimate things), to walk, ride, sail, fly, move, pass;

ex

ĕx, *prép. + abl.* : out of, from; by reason of; according to; because of, as a result of;

excitare

ĕxcĭto, *as, are* : to wake up, stir up; to cause; to raise, erect; incite; to excite, arouse;

expectaret

expectata

ēxspēcto, *as, are, aui, atum* : to lookout for, await; to expect, anticipate, hope for;

exsiluere

exsiluerunt

ēxĭlĭo, *is, ire, ilui, ultum* : to spring/leap/burst forth/out, leap up, start up, bound; to emerge into existence;

exspectata

ēxspēcto, *as, are, aui, atum* : to lookout for, await; to expect, anticipate, hope for;

ēxpēctātus, *a, um* : attendu

exsultas

ēxsūlto, *as, are* : to rejoice; to boast; to exalt; to jump about, let oneself go;

extollit

ēxtōllo, *is, ere, extuli, -* : to raise; lift up; to extol, advance; to erect (building);

extulit

ēxtōllo, *is, ere, extuli, -* : to raise; lift up; to extol, advance; to erect (building);

ēffĕro, *fers, ferre, extuli, elatum* : to carry out; to bring out; to carry out for burial; to raise;

exultas

ēxsūlto, *as, are* : to rejoice; to boast; to exalt; to jump about, let oneself go;

Fabulle

Făbūllus, *i, m.* : Fabullus, a name

fac

facere

faciant

facias

făcĭo, *is, ere, feci, factum* : to make/build/construct/create/cause/do; to have built/made; to fashion; to work (metal);

Facilis

făcĭlĭs, *e* : easy, easy to do, without difficulty, ready, quick, good natured, courteous;

facit

faciunt

făcĭo, *is, ere, feci, factum* : to make/build/construct/create/cause/do; to have built/made; to fashion; to work (metal);

facta

factum

fāctŭm, *i, n.* : fact, deed, act; achievement;

falsum

fāllo, *is, ere, fĕfĕlli, fālsum (fāllītum)* : to deceive; to slip by; to disappoint; to be mistaken, beguile, drive away; to fail; cto heat;

fālsus, *a, um* : wrong, lying, fictitious, spurious, false, deceiving, feigned, deceptive;

fālsum, *i, n.* : falsehood, fraud

famosus

fāmōsus, *a, um* : famous, noted, renowned; talked of; infamous, notorious; slanderous, libelous;

fas

fās, *n. indécl.* : divine/heaven's law/will/command; that which is right/lawful/moral/allowed;

favent

fǎvěo, *es, ere, faui, fautum* : to favor (w/DAT), befriend, support, back up;

fecit

fǎcǐo, *is, ere, feci, factum* : to make/build/construct/create/cause/do; to have built/made; to fashion; to work (metal);

felici

fēlīx, *icis* : happy; blessed; fertile; favorable; lucky; successful, fruitful;

femina

feminam

fēmǐna, *ae, f.* : woman; female;

feraris

feres

fertur

ferunt

fěro, *fers, ferre, tuli, latum* : to bring, bear; to tell/speak of; to consider; to carry off, win, receive, produce; to get;

fias

fīo, *is, fieri, factus sum* : to happen, come about; to result (from); to take place, be held, occur, arise (event); to develop;

ficto

fictum

fīngo, *is, ere, finxi, fictum* : to mold, form, shape; to create, invent; to produce; to imagine; to compose; to devise, - to adapt, transform into; to modify (appearance/character/behavior); to groom;

fīctus, *a, um* : feigned, fictitious, false, falsehood, false

fīctum, *i, n.* : a deception, falsehood, fiction, pretences

fidem

fīdēs, *ei, f.* : faith, loyalty; honesty; credit; confidence, trust, belief; good faith

filiam

fīlǐa, *ae, f.* : daughter;

filii

filio

filius

fīlǐus, *ii, m.* : son;

fine

fīnǐs, *is, m. f.* : boundary, end, limit, goal; (pl.) country, territory, land;

firmat

firmes

fīrmo, *as, are* : to strengthen, harden; to support; to declare; to prove, confirm, establish;

flagellem

flǎgēllo, *as, are* : to flog, whip, lash, scourge; to strike repeatedly; to thresh/flail (grain)

flagellum

flǎgēllǔm, *i, n.* : whip, lash, scourge; thong (javelin); vine shoot; arm/tentacle (of polyp);

flagitia

flǎgǐtǐǔm, *ii, n.* : shame, disgrace; scandal, shameful act, outrage, disgraceful thing; scoundrel;

flagrabat

flǎgro, *as, are* : to be on fire; to blaze, flame, burn; to be inflamed/excited;

flamma

flāmma, *ae, f.* : flame, blaze; ardor, fire of love; object of love;

flāmmo, *as, are* : to inflame, set on fire; to excite;

flavus

flāvus, *a, um* : yellow, golden, gold colored; flaxen, blond; golden-haired (Latham);

flāvus, *i, m.* : gold pieces

florem

flos

flōs, *oris, m.* : flower, blossom; youthful prime;

fluit

flǔo, *is, ere, fluxi, fluxum* : to flow, stream; to emanate, proceed from; to fall gradually;

flumine

flūměn, *inis, n.* : river, stream; any flowing fluid; flood; onrush; [adverso ~ => against

fluvius

flǔvǐus, *i, m.* : river, stream; running water;

foret

sŭm, *es, esse, fui* : to be; to exist; (also used to form verb perfect passive tenses) with NOM PERF PPL

foret= esset

fortasse

fŏrtāssĕ, *adv.* : perhaps, possibly; it may be;

forte

fŏrtĕ, *adv.* : by chance; perhaps, perchance; as luck would have it;

fŏrtĭs, *e* : strong, powerful, mighty, vigorous, firm, steadfast, courageous, brave, bold;

fŏrs, *fortis, f.* : chance, hap, luck, hazard. Fors

fortuna

fŏrtūna, *ae, f.* : chance, luck, fate; prosperity; condition, wealth, property;

fŏrtūno, *as, are* : to make prosperous, fortunate, to make happy, to prosper, bless

frustra

frūstrā, *adv.* : in vain; for nothing, to no purpose;

fuisse

sŭm, *es, esse, fui* : to be; to exist; (also used to form verb perfect passive tenses) with NOM PERF PPL

fures

fūr, *furis, m.* : thief, robber; robber bee

fūrtīvus, *a, um* : stolen; secret, furtive;

gemina

gĕmĭnus, *a, um* : twin, double; twin-born; both;

gĕmĭno, *as, are* : to double; to repeat; to double the force of; to pair (with);

genero

gĕnĕr, *eri, m.* : son-in-law;

gĕnĕro, *as, are* : to beget, father, produce, procreate; to spring/descend from (PASSIVE);

gestis

gĕro, *is, ere, gessi, gestum* : to bear, carry, wear; to carry on; to manage, govern; (se gerere = to conduct oneself);

gĕstĭo, *is, ire, ii ou iui* : to be eager, wish passionately; to gesticulate, express strong feeling, exult;

gĕsta, *orum, n.* : deeds, acts

gnati

gnato

gnātus, *i, m.* : a son;

gnātus, *i, m.* : son; child; children (pl.);

gratum

grātus, *a, um* : pleasing, acceptable, agreeable, welcome; dear, beloved; grateful, thankful;

grave

gravis

grăvĭs, *e* : heavy; painful; important; serious; pregnant; grave, oppressive, burdensome;

gremium

grĕmĭum, *ii, n.* : lap, bosom; womb, interior; female genital parts;

habebis

habent

habere

hăbĕo, *es, ere, bui, bitum* : to have, hold, consider, think, reason; to manage, keep; to spend/pass (time);

habitat

hăbĭto, *as, are* : to inhabit, dwell; to live, stay;

habuisse

habuit

hăbĕo, *es, ere, bui, bitum* : to have, hold, consider, think, reason; to manage, keep; to spend/pass (time);

haec

hīc, *haec, hoc, adj. pron.* : this; these

hahahae= ha ha ha ha

hanc

hīc, *haec, hoc, adj. pron.* : this; these

Hespere

Hesperus

Hēspĕrŏs, *i, m.* : the evening star, Hesperus;, the son of Cephalus and Aurora;, the son of Iapetus and Asia, and brother of Atlas;

hic

hīc, *haec, hoc, adj. pron.* : this; these

hīc, *adv.* : here, in this place; in the present circumstances;

Hoc

hīc, *haec, hoc, adj. pron.* : this; these

hōc, *adv.* : -I. neutr. -II. to this place, hither

homo

hŏmŏ, *minis, m.* : man, human being, person, fellow; [novus homo => nouveau riche];

hora

hōra, *ae, f.* : hour; time; season; [Horae => Seasons];

hortis
hŏrtus, *i, m.* : garden, fruit/kitchen garden; pleasure garden; park (pl.);
hostes
hŏstĭs, *is, m.* : enemy (of the state); stranger, foreigner; the enemy (pl.);
huc
hūc, *adv.* : here, to this place; to this point;
Hymen
Hўmĕn, *ĕnis, m.* : the god of marriage, of weddings, Hymen.
hymĕn, *ĭnis, m.* : hymen (membrane)
Hymenaee
Hўmĕnăeus, *i, m.* : chant nuptial
hўmĕnăeus, *i, m.* : the nuptial hymn, wedding song
hymenaeus
hўmĕnăeus, *i, m.* : the nuptial hymn, wedding song
I
ĕo, *is, ire, iui, itum* : to go (of every kind of motion of animate or inanimate things), to walk, ride, sail, fly, move, pass;
I, *adj. num.* :
iaciens
jăcĭo, *is, ere, ieci, iactum* : to throw, hurl, cast; to throw away; to utter;
Iam
jăm, jāmjăm, *adv.* : now, already, by/even now; besides; [non ~ => no longer; ~ pridem => long ago];
Ĭa, *ae, f.* : fille de Midas et femme d'Atys
iambos
ĭāmbus, *i, m.* : an iambic foot, an iambus.
ianua
ianuae
jānŭa, *ae, f.* : door, entrance;
id
ĭs, *ea, id, adj. et pron.* : he/she/it/they (by GENDER/NUMBER); DEMONST that, he/she/it, they/them;
idem
ĭdĕm, *eadem, idem, adj. pron.* : the same
identidem
ĭdēntĭdĕm, *adv.* : repeatedly; again and again, continually;
igitur
ĭgĭtŭr, *adv., conj.* : therefore (postpositive), so/then; consequently; accordingly; well/in that

ignes
ignis
ĭgnĭs, *is, m.* : fire, brightness; passion, glow of passion;
Ignosco
ĭgnōsco, *is, ere, noui, notum* : to pardon, forgive (with DAT);
ignotus
ĭgnōtus, *a, um* : unknown, strange; unacquainted with, ignorant of;
ĭgnōsco, *is, ere, noui, notum* : to pardon, forgive (with DAT);
illa
illam
Ille
illius
illos
illud
illum
ĭllĕ, *illa, illud, pron.* : that; those (pl.); also DEMONST; that person/thing; the well known; the former;
imber
ĭmbĕr, *bris, m.* : rain, shower, storm; shower of liquid/snow/hail/missiles; water (in general);
imperfecta
ĭmpērfĕctus, *a, um* : unfinished, incomplete, imperfect.
impia
ĭmpĭus, *a, um* : wicked, impious, irreverent; showing no regard for divinely imposed moral duty;
ĭmpĭo, *as, are* : to render impious, sinful, to stain, defile with sin, to pollute, Pass. impers.
impotente
ĭmpŏtēns, *entis* : powerless, impotent, wild, headstrong; having no control (over), incapable
in
ĭn, ĭndŭ, *prép.* + *acc. ou* + *abl.* : in, into, on
incipient
ĭncĭpĭo, *is, ere, cepi, ceptum* : to begin; to start, undertake;
incitare
ĭncĭto, *as, are* : to enrage; to urge on; to inspire; to arouse;

incohata
incohatam
Incŏho, *as, are* : to begin/start (work); to
set going, establish; to draft/sketch/outline;
to enter upon;
inculta
Incūltus, *a, um* : uncultivated (land),
overgrown; unkempt; rough, uncouth;
uncourted
Incŏlo, *is, ere, ui, cultum* : to live,
dwell/reside (in); to inhabit; sojourn;
iners
Inērs, *inertis* : helpless, weak, inactive,
inert, sluggish, stagnant; unskillful,
incompetent;
infantem
Infāns, *antis, m.* : speechless, inarticulate;
new born; childish, foolish;
Infāns, *antis* : infant, child
iniciens
iniciensque
Inĭcĭo, *is, ere, ieci, iectum* : to
hurl/throw/strike in/into; to inject; to put
on; to inspire, instill (feeling, etc);
Innuptae
innuptis
Innūpta, *ae, f.* : a marriage that is no
marriage, an unhappy marriage
Innūptus, *a, um* : unmarried;
Inquam
Inquăm, *v.* : it is said, one says;
insanam
Insānus, *a, um* : unsound in mind.
intacta
Intāctus, *a, um* : untouched, intact; untried;
virgin;
interiorem
Intĕrĭŏr, *oris* : inner, interior; nearer;
intulit
Infĕro, *es, ferre, tuli, illatum* : - to
bring/carry in, import; to advance,
bring/march/step/move foward; to impel,
urge;
invisa
Invīsus, *a, um* : hated, detested; hateful,
hostile;
Invĭdĕo, *es, ere, uidi, uisum* : to envy,
regard with envy/ill will; to be jealous of;
to begrudge, refuse;
Invīso, *is, ere, si, sum* : to go to see, visit;
to watch over;

invocatus
Invŏco, *as, are* : to call upon, invoke; to
pray for;
Invŏcātus, *a, um* : Uncalled
iocari
jŏcŏr, *cf. ioco* : to joke, jest; to say in jest;
to make merry;
jŏco, *(jocor) as, are, et iocor, aris, ari* : to
joke, jest; to say in jest; to make merry;
ipsa
Ipsĕ, *ipsa, ipsum, pron.* :
himself/herself/itself; the very/real/actual
one; in person; themselves (pl.); Can also
be the way a slave refers to their domina
ipse
ipsum
Ipsĕ, *ipsa, ipsum, pron.* :
himself/herself/itself; the very/real/actual
one; in person; themselves (pl.);
is
Is, *ea, id, adj. et pron.* : he/she/it/they (by
GENDER/NUMBER); DEMONST that,
he/she/it, they/them;
ĕo, *is, ire, iui, itum* : to go (of every kind of
motion of animate or inanimate things), to
walk, ride, sail, fly, move, pass;
istaec
istius
Istĕ, *a, ud, pron.* : that, that of yours, that
which you refer to; such;
istuc
Istuc, *adv.* : thither, to you, to where you
are; in that direction; to that subject/point;
it
ĕo, *is, ire, iui, itum* : to go (of every kind of
motion of animate or inanimate things), to
walk, ride, sail, fly, move, pass;
Ita
Itaque
Ităquĕ, *conj.* : and so, therefore;
item
Itĕm, *adv.* : likewise; besides, also,
similarly;
iterum
iterumque
Itĕrŭm, *adv.* : again; a second time; for the
second time;
iucunda
iucundior
jūcūndus, jōcūndus, *a, um* :
pleasant/agreeable/delightful/pleasing
(experience/person/senses); congenial;

iunxere
iunxerunt
jūngo, *is, ere, iunxi, iunctum* : to join,
unite; to bring together, clasp (hands); to
connect, yoke, harness;
Iuppiter
Iuppiterque
Jūppĭtĕr, Jūpĭtĕr, *Iouis, m.* : Jupiter;
(Roman chief/sky god); (supreme being);
heavens/sky (poetic);
iura
iure
jūs, *iūris, n.* : law; justice - (also soup;
sauce;)
jūrĕ, *adv.* : by right, rightly, with justice;
justly, deservedly;
iuvenci
jŭvēncus, *i, m.* : young bull; young man;
jŭvēncus, *a, um* : young
Iuvenes
iuveni
jŭvĕnĭs, *is, m.* : youth, young man/woman;
jŭvĕnis, *e* : the youth, the young men
iuvet
jŭvo, *as, are, iuvi, iutum* : to help, aid,
assist, support, benefit;
laborant
laborat
lăbōro, *as, are* : to work, labor; to produce,
take pains; to be troubled/sick/oppressed,
be in distress;
laeta
laetas
lăetus, *a, um* : - happy/cheerful/joyful/glad;
favorable/propitious;
prosperous/successful; welcome;
languidior
languidiorem
lānguĭdus, *a, um* : faint, weak; dull,
sluggish, languid; spiritless, listless,
inactive;
Larium
Lariumque
Lārĭus, *ii, m.* : a lake in Gallia Cisalpina,
on which Comum lay, now Lago di Como
latent
lătĕo, *es, ere, latui* : to lie hidden, lurk; to
live a retired life, escape notice;

lectum
lĕgo, *is, ere, legi, lectum* : to read; gather,
collect (cremated bones); to furl (sail),
weigh (anchor); to pick out
lēctus, *i, m.* : chosen, picked, selected;
choice, excellent; (pl. as subst = picked
men);
lēctus, *a, um* : chosen, picked, selected;
choice, excellent
legit
lĕgo, *is, ere, legi, lectum* : to read; gather,
collect (cremated bones); to furl (sail),
weigh (anchor); to pick out
Lesbia
Lēsbĭa, *ae, f.* : the name of a woman
levare
lĕvo, *as, are* : - to lift/raise/hold up; to
support; to erect, set up; to lift off, remove
(load); to comfort; - to lighten, lessen,
relieve; to reduce in force/potency; to bring
down (cost/prices);
lēvo, *as, are* : to make smooth, to smooth,
polish
licet
līcĕo, *v. impers.* : to allow, permit
ligatam
līgo, *as, are* : to tie, bind, bind together,
bind up, bandage, bind fast
ligneo
līgnĕus, *a, um* : wooden, wood-; woody,
like wood, tough/stringy; [soleae ~ =>
worn by
limine
līmĕn, *inis, n.* : threshold, entrance; lintel;
house;
lingua
linguam
līngua, *ae, f.* : tongue; speech, language;
dialect;
linquere
līnquo, *is, ere, liqui, -* : to leave, quit,
forsake; to abandon, desist from; to allow
to remain in place; to bequeath;
lites
līs, *litis, f.* : lawsuit; quarrel;
litoreque
litus
litusque
lītŭs, līttus, *oris, n.* : shore, seashore, coast,
strand; river bank; beach, landing place;

locata
lŏco, *as, are* : for, in the place of, instead of;
longa
Longus
lŏngus, *a, um* : long; tall; tedious, taking long time; boundless; far; of specific length/time;
loquentem
lŏquŏr, *eris, i, locutus sum* : to speak, tell; to talk; to mention; to say, utter; to phrase
lubet
lĭbĕt, lŭbĕt, *v.* : it pleases
lucet
lūcĕo, *es, ere* : - to shine, emit light (heavenly body); to dawn; to cause to shine; to be clear/evident; - to be bright/resplendent; to be visible, show up; [lucet => it is (becoming)
ludere
ludit
lūdo, *is, ere, lusi, lusum* : to play, mock, tease, trick;
ludum
lūdus, *i, m.* : game, play, sport, pastime, entertainment, fun; school, elementary school;
lumina
lūmĕn, *inis, n.* : light; lamp, torch; eye (of a person); life; day, daylight;
magis
măgĭs, măgĕ, *adv.* : to greater extent, more nearly; rather, instead; more; (forms COMP w/DJ);
magna
magnam
magnamque
magnas
măgnus, *a, um* : - large/great/big/vast/huge; much; powerful; tall/long/broad; extensive/ - great (achievement); mighty; distinguished; skilled; bold/confident; proud;
maior   comparative form
măgnus, *a, um* : - large/great/big/vast/huge; much; powerful; tall/long/broad; extensive/ - great (achievement); mighty; distinguished; skilled; bold/confident; proud;

mala
mălus, *a, um* : bad, evil, wicked; ugly; unlucky;
māla, *ae, f.* : cheeks, jaws;
mălŭm, *i, n.* : evil, mischief; disaster, misfortune, calamity, plague; punishment; harm/hurt
mālŭm, *i, n.* : apple; fruit; lemon; quince; hurt;
male
mălē, *adv.* : badly, ill, wrongly, wickedly, unfortunately; extremely;
mălus, *a, um* : bad, evil, wicked; ugly; unlucky;
maligne
mălīgnē, *adv.* : ill-naturedly, spitefully, enviously, malignantly.
mălīgnus, *a, um* : spiteful; niggardly; narrow;
malle
mālo, *mauis, malle, malui* : to prefer; to incline toward, wish rather;
malum
mălus, *a, um* : bad, evil, wicked; ugly; unlucky;
mălŭm, *i, n.* : evil, mischief; disaster, misfortune, calamity, plague; punishment; harm/hurt
mālŭm, *i, n.* : apple; fruit; lemon; quince; hurt;
mane
mānē, *adv.* : in the morning; early in the morning;
mănĕo, *es, ere, mansi, mansum* : to remain, stay, abide; to wait for; to continue, endure, last; to spend the night
manet
mănĕo, *es, ere, mansi, mansum* : to remain, stay, abide; to wait for; to continue, endure, last; to spend the night
māno, *as, are* : to flow, pour; to be shed; to be wet; to spring;
manibus
mănŭs, *us, f.* : hand, fist; team; gang, band of soldiers; handwriting; (elephant's) trunk;
manus
manusque
mănŭs, *us, f.* : hand, fist; team; gang, band of soldiers; handwriting; (elephant's) trunk;

marita
mărīta, *ae, f.* : a married woman, wife
mărītus, *a, um* : of or belonging to marriage, matrimonial, conjugal, nuptial, marriage-
marito
maritum
mărītus, *i, m.* : a maried man, husband;
mărītus, *a, um* : of or belonging to marriage, matrimonial, conjugal, nuptial, marriage-
masculinum
māscŭlīnus, *a, um* : masculine, of the male sex; of masculine gender (grammar);
mater
matre
matrem
matri
matris
mātĕr, *tris, f.* : mother, foster mother; lady, matron; origin, source, motherland, mother city;
maturo
mātūro, *as, are* : to ripen, hurry, make haste to, hasten;
mātūrus, *a, um* : early, speedy; ripe; mature, mellow; timely, seasonable;
me
ĕgŏ, *mei, pron.* : moi, me
mea
meae
meam
mĕus, *mea, meum* : my (personal possession); mine, of me, belonging to me; my own; to me;
mediam
mĕdĭus, *a, um* : middle, middle of, mid; common, neutral, ordinary, moderate; ambiguous;
meditantur
meditata
meditatae
mĕdĭtŏr, *aris, ari* : to think, reflect upon, to muse over, consider, meditate upon; neutr., to think, reflect, muse, consider, meditate; to design, purpose, intend
medullam
mĕdūllă, *ae, f.* : inner marrow

mei
meique
ĕgŏ, *mei, pron.* : moi, me
mĕus, *mea, meum* : my (personal possession); mine, of me, belonging to me; my own; to me;
Mella
mĕl, *mellis, n.* : honey; sweetness; pleasant thing; darling/honey; [luna mellis => honeymoon];
Mĕlla, *ae, f.* : -I. a river in Upper Italy, near Brescia, Mella
membra
membrum
mĕmbrŭm, *i, n. (généralement au plur)* : member, limb, organ; (esp.) male genital member; apartment, room; section;
memorabile
mĕmŏrābĭlĭs, *e* : memorable; remarkable;
mendaci
mĕndācĭŭm, *ii, n.* : lie, lying, falsehood, untruth; counterfeit, fraud;
mĕndāx, *acis* : lying, false; deceitful; counterfeit;
mens
mēns, *entis, f.* : mind; reason, intellect, judgment; plan, intention, frame of mind; courage;
mensas
mēnsa, *ae, f.* : table; course, meal; banker's counter;
mensis
mēnsa, *ae, f.* : table; course, meal; banker's counter;
mente
mentem
mentes
mēns, *entis, f.* : mind; reason, intellect, judgment; plan, intention, frame of mind; courage;
meo
meos
mĕus, *mea, meum* : my (personal possession); mine, of me, belonging to me; my own; to me;
meros
mĕrus, *a, um* : unmixed (wine), pure, only; bare, mere, sheer;
metaphora
mĕtăphŏra, *ae, f.* : a rhetorical figure, metaphor, a transferring of a word from its proper signification to another

150

meum
mĕus, *mea, meum* : my (personal possession); mine, of me, belonging to me; my own; to me;
mĕum, *i, n.* : mine, my property, my daughter, it is my affair, my concern, my duty, my custom
Mi
mihi
ĕgŏ, *mei, pron.* : moi, me
milies
mīlĭēs, *adv.* : a thousand times, Innumerable times
mille
mīlle, *n. ia, ium* : thousand; a thousand; [mille passuum => thousand paces = a mile];
minus
mĭnŭs, *adv.* : less; not so well; not quite;
pārvus, *a, um* : small, little, cheap; unimportant; (SUPER) smallest, least;
minxerit
mīngo, *is, ere, minxi, minctum (mictum)* : to make water, to void urine
mira
mirum
mīrus, *a, um* : wonderful, strange, remarkable, amazing, surprising, extraordinary;
misellae
Miselle
mĭsĕllus, *a, um* : poor, wretched;
miseram
misero
mītto, *is, ere, misi, missum* : to send, throw, hurl, cast; to let out, release, dismiss; to disregard;
mĭsĕr, *a, um* : poor, miserable, wretched, unfortunate, unhappy, distressing;
mitem
mītĭs, *e* : mild, meek, gentle, placid, soothing; clement; ripe, sweet and juicy;
modo
mŏdŏ, *adv.* : but, if only; but only;
mŏdus, *i, m.* : manner, mode, way, method; rule, rhythm, beat, measure, size; bound, limit;
moenia
moenibus
mŏenĭa, *ium, n. pl.* : defensive walls, ramparts, bulwarks, city walls

molestum
mŏlēstus, *a, um* : annoying; troublesome; tiresome; [molestus esse => to be a worry/nuisance];
molli
mŏllĭs, *e* : - soft (cushion/grass); flexible/supple/loose/pliant; mild/tolerable; easy; - weak; cowardly; unmanly; effeminate; womanish; pathic; tender (women/youths); - tender, gentle; smooth, relaxing; languid (movement); amorous (writings);
mŏllĭo, *is, ire, iui, itum* : to soften, mitigate, make easier; to civilize, tame, enfeeble;
molliter
mŏllĭtĕr, *adv.* : calmly/quietly/softly/gently/smoothly/easily; w/out pain/anger/harshness;
morari
mŏrŏr, *aris, ari* : to delay, tarry, stay, wait, remain, linger, loiter
mordet
mŏrdĕo, *es, ere, momordi, morsum* : to bite; to sting; to hurt, pain; vex; to criticize, carp at; to eat, consume; to bite/cut into;
morsus
mŏrsus, *us, m.* : bite, sting; anguish, pain; jaws; teeth;
mŏrdĕo, *es, ere, momordi, morsum* : to bite; to sting; to hurt, pain; vex; to criticize, carp at; to eat, consume; to bite/cut into;
mortuus
mŏrĭŏr, *eris, i, mortuus sum* : to die
mŏrtŭus, *i, m.* : a dead person, dead man
mŏrtŭus, *a, um* : dead, deceased; limp;
mulcent
mūlcĕo, *es, ere, mulsi, mulsum* : to stroke, touch lightly, fondle, soothe, appease, charm, flatter, delight;
mūlco, *as, are* : to beat up, thrash, cudgel; to worst, treat roughly;
Mulier
mŭlĭĕr, *is, f.* : woman; wife; mistress;
multae
Multi
multum
mūltus, *a, um* : much, many, great; large, intense, assiduous; tedious;
mūltŭm, *adv.* : much, greatly, plenty, very; more; most;

musa

Mūsă, *ae, f.* : muse (one of the goddesses of poetry, music, etc.); sciences/poetry (pl.);

mutata

mutato

mūto, *as, are* : to move, to move away or from its place; to alter, change a thing; to interchange, exchange;

nam

namque

nămque, *conj.* : for indeed, for truly, for

narras

narrat

nărro, *as, are* : to tell, tell about, relate, narrate, recount, describe;

nascitur

născŏr, *eris, i, natus sum* : to be born, to be begotten

nasum

năsus, *i, m.* : nose; sense of smelling;

natam

născŏr, *eris, i, natus sum* : to be born, to be begotten

năta, *ae, f.* : a daughter;

nătus, *a, um* : born;

natus

nătus, *i, m.* : born, arisen; made; destined; designed, intended, produced by nature; aged,

născŏr, *eris, i, natus sum* : to be born, to be begotten

nătŭs, *us, m.* : birth;

nătus, *a, um* : born;

ne

nē, *adv.* : that not, lest; (for negative of IMP);

nec

něc, *adv.* : nor, and..not; not..either, not even;

necesse

něcěssě, *adj.* : necessary, essential; unavoidable, compulsory, inevitable; a natural law; true;

nemo

nēmŏ, *nullius, nt. nihil, nil (rart. neminis), pron.* : nobody

nervosius

něrvōsē, *adv.* : strongly, vigorously, energetically

něrvōsus, *a, um* : full of sinews, sinewy, nervous

nescio

nēscĭo, *is, ire, iui (ii), itum* : to not know (how); to be ignorant/unfamiliar/unaware/unacquainted/unable/unwilling;

nēscĭus, *a, um* : unaware, not knowing, ignorant;

nihil

nĭhĭl, *pron.* : nothing

Nimirum

nīmīrŭm, *adv.* : without doubt, evidently, forsooth;

nimis

nĭmĭs, *adv.* : very much; too much; exceedingly;

nĭmĭus, *a, um* : excessive, too great;

nĭmĭum, *ii, n.* : too much, superabundance, excess, too mighty, too powerful

nimiumque

nĭmĭŭm, *adv.* : too, too much; very, very much, beyond measure, excessive, too great;

nĭmĭus, *a, um* : excessive, too great;

nĭmĭum, *ii, n.* : too much, superabundance, excess, too mighty, too powerful

nitenti

nītŏr, *eris, eris, nixus sum* : to bear or rest upon something; To make one's way with an effort, to press forward, advance; to mount, climb, fly; To strain in giving birth, to bring forth;

nĭtěo, *es, ere* : to shine, glitter, look bright; to be sleek/in good condition; to bloom, thrive;

nobis

nōs, *nostrum pron. pl.* : we (pl.), us;

nocte

nŏx, *noctis, f.* : night [prima nocte => early in the night; multa nocte => late at night];

nŏcte, *adv.* : at night

noctifer

nŏctĭfěr, *eri, m.* : the evening-star

noctis

nŏx, *noctis, f.* : night [prima nocte => early in the night; multa nocte => late at night];

noli

nolo

nōlo, *non uis, nolle, nolui* : to be unwilling; to wish not to; to refuse to;

nomine
nōmĕn, *inis, n.* : name, family name; noun; account, entry in debt ledger; sake; title, heading;
non
nōn, *adv. neg.* : not, by no means, no; [non modo ... sed etiam => not only ... but also];
nos
nōs, *nostrum pron. pl.* : we (pl.), us;
noster
nōstĕr, *tra, trum, adj. pron.* : our;
nosti
nōsco, *is, ere, noui, notum* : to get to know; to learn, find out; to become cognizant of/acquainted/familiar with;
nostras
nōstĕr, *tra, trum, adj. pron.* : our;
nōstras, *atis* : of our country, native
notus
nōsco, *is, ere, noui, notum* : to get to know; to learn, find out; to become cognizant of/acquainted/familiar with;
nōtus, *a, um* : well known, familiar, notable, famous, esteemed; notorious, of ill repute;
Noui Comi
Name of a town west of Verona in North Italy
nova
nŏvus, *a, um* : new, fresh, young; unusual, extraordinary; (novae res, f. pl. = revolution);
nŏvo, *as, are* : to make new, renovate; to renew, refresh, change;
Novi
nŏvus, *a, um* : new, fresh, young; unusual, extraordinary; (novae res, f. pl. = revolution);
nōsco, *is, ere, noui, notum* : to get to know; to learn, find out; to become cognizant of/acquainted/familiar with;
Nŏvĭus, *ii, m.* : the name of a Roman gens
nubere
nūbo, *is, ere, psi, ptum* : to marry, be married to;
nudo
nūdus, *a, um* : nude; bare, stripped;
nūdo, *as, are* : to lay bare, strip; to leave unprotected;
nullae
nullam
nullas

nulli
nullo
nullum
nūllŭs, *a, um* : no; none, not any; (PRONominal ADJ)
numquam
nūmquăm, *adv.* : never;
nunc
nūnc, *adv.* : now, today, at present;
nuntiantur
nūntĭo, *a, are* : to announce/report/bring word/give warning; to convey/deliver/relate message/
nuptialem
nūptĭălĭs, *e* : of a wedding or marriage, nuptial;
nuptias
nūptĭăe, *arum, f. pl.* : a marriage, wedding, nuptials
oculi
ŏcŭlus, *i, m.* : eye;
Oetaeos
Ōetāeus, *a, um* : of or belonging to Œta, absol.
officio
ōffĭcĭŭm, *ii, n.* : duty, obligation; kindness; service, office;
olfacies
ōlfācĭo, *is, ere, feci, factum* : to smell/detect odor of; to get wind of/hear about; to smell/sniff at; to cause to smell
olim
ōlĭm, *adv.* : formerly; once, once upon a time; in the future;
Olympo
Ōlȳmpos, *i, m.* : The name of several mountains, the most celebrated of which is one on the borders of Macedonia and Thessaly, Lacha, of great height, and consequently regarded as the seat of the gods
omnes
ōmnĭs, *e* : all men (pl.), all persons;
omnia
omnibus
omnis
omnium
ōmnĭs, *e* : all men (pl.), all persons;
ōmne, *is, n.* : every thing
ope
ōps, *opis, f.* : power, might; help; influence; resources/wealth (pl.);

operire
ŏpĕrĭo, *is, ire, perui, pertum* : to cover
(over); to bury; to overspread; to
shut/close; to conceal; to clothe, cover/hide
oportet
ŏpōrtĕo, *v.* it is right/proper/necessary; it is
becoming; it behooves; ought
opposite
ŏppōno, *is, ere, posui, positum* : to oppose;
to place opposite;
ŏppŏsĭtus, *a, um* : Part. from oppono
Optas
ōpto, *as, are* : to choose, select; to wish,
wish for, desire;
optatius
ōptātus, *a, um* : wished, desired, longed
for, agreeable, pleasing, pleasant, dear.
optavere
optaverunt
ōpto, *as, are* : to choose, select; to wish,
wish for, desire;
optima
optimum
bŏnus, *a, um* : good, honest, brave, noble,
kind, pleasant, right, useful; valid; healthy;
ōptĭmum, *i, n.* : a good, goods, a moral
good, a blessing
ora
ōs, *oris, n.* : the mouth; the face,
countenance; A mouth, opening, entrance,
aperture, orifice;
ōra, *ae, f.* : shore, coast;
ore
os
ōs, *oris, n.* : the mouth; the face,
countenance; A mouth, opening, entrance,
aperture, orifice;
ostendit
ōstēndo, *is, ere, tendi, tentum* : to show; to
reveal; to make clear, point out, display,
exhibit;
otii
otio
Otium
ōtĭŭm, *ii, n.* : leisure; spare time; holiday;
ease/rest/peace/quiet; tranquility/calm; lull;
ovibus
ŏvĭs, *is, f.* : sheep;
palma
pālma, *ae, f.* : palm/width of the hand;
hand; palm tree/branch; date; palm
award/first place;

Papyre
păpȳrus, *cf. papyrum* : "papyrus, the plant
(reed); a garment or ""paper"" made from
the papyrus plant;"
par
pār, *paris* : - equal (to); a match for; of
equal size/rank/age;
fit/suitable/right/proper; - corresponding in
degree, proportionate, commensurate
(unlike qualities); - balanced/level;
parat
parata
paraverunt
păro, *as, are* : to prepare; to
furnish/supply/provide; to produce; to
obtain/get; to buy; to raise; to put up; to
plan;
parentem
parentes
parenti
parentibus
parentum
pārĕo, pārrĕo, *es, ere, ui, itum* : - to obey,
be subject/obedient to; to
submit/yield/comply; to pay attention; to
attend to;
părēns, *entis, m.* : obedient; parent
parere
pārĕo, pārrĕo, *es, ere, ui, itum* : - to obey,
be subject/obedient to; to
submit/yield/comply; to pay attention; to
attend to;
părĭo, *is, ere, peperi, partum* : to acquire
(accounts); to settle a debt; to settle up;
păro, *as, are* : to prepare; to
furnish/supply/provide; to produce; to
obtain/get; to buy; to raise; to put up; to
plan;
pars
parte
pārs, *partis, f.* : - part, region; share;
direction; portion, piece; party, faction,
side; monthly];
Parva
parvum
pārvus, *a, um* : small, little, cheap;
unimportant; (SUPER) smallest, least;
Passer
pāssĕr, *eris, m.* : sparrow;

154

pater
păter, *tris, m.* : father; [pater familias, patris familias => head of family/household];
patrest
păter, *tris, m.* : father; [pater familias, patris familias => head of family/household];
patri
patris
păter, *tris, m.* : father; [pater familias, patris familias => head of family/household];
paucas
paucis
păuci, *orum, m.* : few, a few, the few, the select few, the more distinguished
peccatum
pĕcco, *as, are* : to sin; to do wrong, commit moral offense; to blunder, stumble; to be wrong;
pĕccātum, *i, n.* : a fault, error, mistake, transgression, sin
pecori
pĕcŭs, *oris, n.* : sheep; animal;
pendentem
pendens
pĕndĕo, *es, ere, pependi, -* : to hang, hang down; to depend; [~ ab ore => hang upon the lips, listen attentively];
pĕndo, *is, ere, pependi, pensum* : to weigh out; to pay, pay out;
penitus
pĕnĭtŭs, *(penite) adv.* : inside; deep within; thoroughly;
pepigere
pepigerunt
păngo, *is, ere, pepigi, pactum* : to compose; to insert, drive in, fasten; to plant; to fix, settle, agree upon, stipulate;
per
pĕr, *prép. + acc.* : through (space); during (time); by, by means of;
perdidit
pĕrdo, *is, ere, didi, ditum* : to ruin, destroy; to lose; to waste;
pernici
pĕrnīx, *icis* : persistent, preserving; nimble, brisk, active, agile, quick, swift, fleet;
perniciter
pĕrnīcĭtĕr, *adv.* : nimbly, quickly, swiftly

pervenias
pērvĕnĭo, *is, ire, ueni, uentum* : to come to; to reach; to arrive;
petat
pĕto, *is, ere, iui, itum* : to attack; to aim at; to desire; to beg, entreat, ask (for); to reach towards, make for;
pietate
pĭĕtās, *atis, f.* : responsibility, sense of duty; loyalty; tenderness, goodness; pity; piety
pinguis
pīngŭĭs, *e* : fat; rich, fertile; thick; dull, stupid;
pīngŭe, *is, n.* : fat, grease
placeam
plăcĕo, *es, ere, cui, citum* : it is pleasing/satisfying, gives pleasure; is believed/settled/agreed/decided;
placet
plăcĕo, *es, ere, cui, citum* : it is pleasing/satisfying, gives pleasure; is believed/settled/agreed/decided;
plăco, *as, are* : to appease; to placate; to reconcile;
plăcĕt, *v. impers.* : it is pleasing/satisfying, gives pleasure; is believed/settled/agreed/decided
plenis
plenus
plēnus, *a, um* : full, plump; satisfied;
plus
mūltus, *a, um* : much, many, great; large, intense, assiduous; tedious;
plūs, *adv.* : more, too much, more than enough; more than
plūs, *pluris* : more; several. many; (COMP of multus)
poemata
pŏēma, *ătis, n.* : a composition in verse, a poem
poena
pŏena, *ae, f.* : penalty, punishment; revenge/retribution; [poena dare => to pay the penalty];
poetae
pŏēta, *ae, m.* : poet;
polluto
pōllŭo, *is, ere, pollui, pollutum* : - to soil/foul/dirty/stain/pollute; to infect (w/disease); to make impure; to break (fast);

pondere
pŏndŭs, *eris, n.* : weight, burden, impediment;
ponit
pōno, *is, ere, posui, situm* : - to put/place/set; to station/post (troops); to pitch (camp); to situate; to set up; to erect; to bury; - to put/lay down (load/arms), take off (clothes); to shed (leaves); to cut (nails);
populi
populum
populus
pŏpŭlus, pŏplus, *i, m.* : people, nation, State; public/populace/multitude/crowd; a following
porrecto
pŏrrĭgo, pŏrgo, *is, ere, rexi, rectum* : to stretch out, extend;
pŏrrēctus, *a, um* : stretched out, dead.
portabis
pŏrto, *as, are* : to carry, bring;
posse
possem
posset
possis
possum
pŏssŭm, *potes, posse, potui* : to be able, can; [multum posse => have much/more/most influence/power];
postquam
pŏstquăm, *conj. sub.* : after;
Postumio
Pōstŭmĭus, *i, m.* : Postumius, a name
pote
pŏtĕ, *cf. potis* : able, capable; possible; (early Latin potis sum becomes possum);
pŏtĭs, *pote* : able, capable; possible; (early Latin potis sum becomes possum);
pōto, *as, are* : to drink; to drink heavily/convivially, tipple; to swallow; to absorb, soak up;
potest
pŏssŭm, *potes, posse, potui* : to be able, can; [multum posse => have much/more/most influence/power];
praecipitem
prāecēps, *cipitis* : head first, headlong; steep, precipitous
prāecĭpĭto, *as, are (svt pronominal)* : to throw headlong, cast down;

praecurrit
prāecūrro, *is, ere, praecurri ou praecucurri, praecursum* : to run before, hasten on before; to precede; to anticipate;
Praeterea
prāetĕrĕā, *adv.* : besides, thereafter; in addition;
primum
prīmus, *a, um* : first, foremost/best, chief, principal; nearest/next
prīmŭm, *adv.* : at first; in the first place;
primus
prīmus, *a, um* : first, foremost/best, chief, principal; nearest/next
prior
prĭŏr, *oris* : superior/elder monk; (later) second in dignity to abbot/head of priory, prior;
prius
prĭŭs, *adv.* : earlier times/events/actions; a logically prior proposition
priusquam
prĭūsquăm, + *subj.* : before; until; sooner than;
promissas
prōmītto, *is, ere, misi, missum* : to promise;
prōmīssus, *a, um* : flowing, hanging down;
prono
prōnus, *a, um* : leaning forward; prone;
prope
prŏpĕ, *adv., prép. + acc.* : near, nearly; close by; almost;
Puella
puellae
puellam
puellis
pŭĕlla, *ae, f.* : girl, (female) child/daughter; maiden; young woman/wife; sweetheart; slavegirl;
pueri
pueris
pŭĕr, *eri, m.* : boy, lad, young man; servant; (male) child; [a puere => from boyhood];
puerperium
pŭĕrpĕrĭum, *ii, n.* : Childbirth, childbed, a lying-in, confinement, delivery

pugna
pūgna, *ae, f.* : battle, fight;
pūgno, *as, are* : to fight; to dispute;
[pugnatum est => the battle raged];
pūgnum, *i, n. cf. pugnus* : fist;
pugnam
pūgna, *ae, f.* : battle, fight;
pugnare
pūgno, *as, are* : to fight; to dispute;
[pugnatum est => the battle raged];
pulchra
pūlchĕr, pūlcĕr, *chra, chrum* : pretty;
beautiful; handsome; noble, illustrious;
quacumque
quācūmquĕ, *adv. conj.* : by whatever way,
wherever, wheresoever
quīcūmquĕ, *quae-, quod- (-cun-)* :
Whoever, whatever, whosoever,
whatsoever, every one who, every thing
that, all that
quae
quī, *quae, quod, pron. rel.* : who; that;
which, what; of which kind/degree;
person/thing/time/point that
quĭs, *quae, quid, pron. interr.* : who?
which? what? what man?
quaenam
quīnăm, *pron.* : which, what, pray, which
of two?
quīsnăm, *quaenam, quidnam* : who, which,
what pray
quaerendum
quaerere
quaerit
quāero, *is, ere, siui, situm* : to search for,
seek, strive for; to obtain; to ask, inquire,
demand;
qualubet
quālŭbĕt, *adv.* : where it pleases
quam
quăm, quāmdĕ, quāndĕ, *adv.* : how, than;
quī, *quae, quod, pron. rel.* : who; that;
which, what; of which kind/degree;
person/thing/time/point that
quĭs, *quae, quid, pron. interr.* : who?
which? what? what man?
quamquam
quāmquăm, quānquăm, *conj. sub. + ind.* :
though, although; yet; nevertheless;
quīsquăm, *quaequam, quidquam ou quic-* :
any, any one, any body, any thing,
something

quamque
quīsquĕ, *quaeque, quidque, pron.* :
whoever, whatever it be, each, every, every
body, every one, every thing
quamvis
quămvīs, *conj. sub.* : however much;
although;
quīvīs, *quaeuis, quoduis/quiduis* : who,
what you please, any whatever, any one,
any thing
quandoquidem
quāndōquīdĕm, *conj. sub.* : since, seeing
that;
Quare
quārĕ, *adv. et conj.* : in what way? how?
by which means, whereby; why; wherefore,
therefore, hence;
quas
quī, *quae, quod, pron. rel.* : who; that;
which, what; of which kind/degree;
person/thing/time/point that
quĭs, *quae, quid, pron. interr.* : who?
which? what? what man?
quasdam
quīdăm, *quaedam, quoddam/quiddam* : a
certain, a certain one, somebody,
something
queat
quĕo, *is, ire, ii ou iui, itum* : to be able;
quem
quī, *quae, quod, pron. rel.* : who; that;
which, what; of which kind/degree;
person/thing/time/point that
quĭs, *quae, quid, pron. interr.* : who?
which? what? what man?
Quendam - **someone**
questu
quēstus, *us, m.* : complaint;
quĕrŏr, *eris, i, questus sum* : to complain;
to protest, grumble, gripe; to make formal
complaint in court of law
Qui
quī, *quae, quod, pron. rel.* : who; that;
which, what; of which kind/degree;
person/thing/time/point that
quĭs, *quae, quid, pron. interr.* : who?
which? what? what man?
quī, *adv.* : how?; how so; in what way; by
what/which means; whereby; at whatever
price;
quĕo, *is, ire, ii ou iui, itum* : to be able;

quia
quĭă, *conj. sub.* : because;
quibus
quī, *quae, quod, pron. rel.* : who; that;
which, what; of which kind/degree;
person/thing/time/point that
quĭs, *quae, quid, pron. interr.* : who?
which? what? what man?
quicquam
quīsquăm, *quaequam, quidquam ou quic-* :
any, any one, any body, any thing,
something
quicum
quīcŭm, *pron. contr.* : with whom; to
whom
quid
quĭs, *quae, quid, pron. interr.* : who?
which? what? what man?
quĭd, *adv. interr.* : how? why? wherefore?
quiquam
quīsquăm, *quaequam, quidquam ou quic-* :
any, any one, any body, any thing,
something
Quis
quĭs, *quae, quid, pron. interr.* : who?
which? what? what man?
quisquam
quīsquăm, *quaequam, quidquam ou quic-* :
any, any one, any body, any thing,
something
quivis
quīvīs, *quaeuis, quoduis/quiduis* : whoever,
what you please, any whatever, any one,
any thing
quo
quī, *quae, quod, pron. rel.* : who; that;
which, what; of which kind/degree;
person/thing/time/point that
quŏ, *adv., conj. sub.* : où ? (avec chgt de
lieu), pour que; adv. quelque part
quĭs, *quae, quid, pron. interr.* : who?
which? what? what man?
quod
quŏd, *conj. sub.* : That, in that, because;
Wherefore, why, that
quī, *quae, quod, pron. rel.* : who; that;
which, what; of which kind/degree;
person/thing/time/point that
Quomodo
quŏmŏdŏ, *conj. sub.* : how, in what way;
just as;

quoque
quŏquĕ, *adv.* : likewise/besides/also/too;
not only; even/actually; (after word
emphasized);
quos
quī, *quae, quod, pron. rel.* : who; that;
which, what; of which kind/degree;
person/thing/time/point that
quĭs, *quae, quid, pron. interr.* : who?
which? what? what man?
radice
rādīx, *icis, f.* : root; base; square-root
(math);
rapere
răpĭo, *is, ere, rapui, raptum* : to drag off; to
snatch; to destroy; to seize, carry off; to
pillage; to hurry;
rapida
răpĭdus, *a, um* : rapid, swift;
rapuit
răpĭo, *is, ere, rapui, raptum* : to drag off; to
snatch; to destroy; to seize, carry off; to
pillage; to hurry;
Ravide
rāvĭdus, *a, um* : grayish, dark-colored
Ravidus, i m.- a name
recte
rēctē, *adv.* : vertically; rightly, correctly,
properly, well;
rēctus, *a, um* : right, proper; straight;
honest;
rĕgo, *is, ere, rexi, rectum* : to rule, guide; to
manage, direct;
reges
rēx, *regis, m.* : king;
rĕgo, *is, ere, rexi, rectum* : to rule, guide; to
manage, direct;
relinquens
rĕlīnquo, *is, ere, reliqui, relictum* : to leave
behind, abandon; (pass.) to be left, remain;
to bequeath;
remanendum
remanere
rĕmănĕo, *es, ere, mansi, mansum* : to stay
behind; to continue, remain;
rĕmāno, *as, are* : to flow back
reperitur
rĕpĕrĭo, *is, ire, rep(p)eri, repertum* : to
discover, learn; to light on; to
find/obtain/get; to find out/to be, get to
know;

requirunt
rĕquīro, *is, ere, i, quisitum* : to require, seek, ask for; to need; to miss, pine for;
respondere
rĕspŏndĕo, *es, ere, di, sum* : to answer; retinet –
retinentem
rĕtĭnĕo, *es, ere, ui, tentum* : to hold back, restrain; to uphold; to delay; to hold fast; to retain, preserve;
rĕtĭnēns, *entis + Gén.* : tenacious; observant;
revertens
rĕvērtŏr, rĕvŏrtŏr, *eris, i, reuersus sum* : to turn back, go back, return; to recur
rĕvērto, *is, ere, i, sum* : to turn back, go back, return; recur;
revertis
rĕvērto, *is, ere, i, sum* : to turn back, go back, return; recur;
revocet
rĕvŏco, *as, are* : to call back, recall; to revive; regain;
ridentem
rīdĕo, *es, ere, risi, risum* : to laugh at (with dat.), laugh; to ridicule;
rixam
rīxa, *ae, f.* : violent or noisy quarrel, brawl, dispute;
rogabis
rogans
roget
rŏgo, *as, are* : to ask, ask for; to invite; to introduce;
rubra
rŭbĕr, *bra, brum* : red, ruddy, painted red; [Rubrum Mare => Red Sea, Arabian/Persian Gulf];
rursus
rūrsŭs, *adv.* : turned back, backward; on the contrary/other hand, in return, in turn, again;
sacculus
săccŭlus, *i, m.* : little bag (as a filter for wine); purse; sachet (Cal);
saepe
săepĕ, *adv.* : often, oft, oftimes, many times, frequently;

saeptis
săepĭo, *is, ire, psi, ptum* : to surround with a hedge, to hedge in, fence in, enclose
săeptŭm, *i, n.* : fold, paddock; enclosure; voting enclosure in the Campus Martius
săepta, *orum, n.* : a fence, enclosure, wall, stakes.—An enclosed place, enclosure, fold, An enclosure for voting, the polls, booths
sale
salemque
săl, *salis, m.* : salt; wit;
saltem
săltĕm, *adv.* : at least, anyhow, in all events; (on to more practical idea); even, so much as;
salve
sālvē, *adv.* : well, in good health, in good condition or circumstances
sālvē, salvētē, *interj.* : hail!/welcome!; farewell!; [salvere jubere => to greet/bid good day];
sālvĕo, *es, ere* : to be well/in good health; [salve => hello/hail/greetings; farewell/goodbye];
sapiet
săpĭo, *is, ere, ii* : to taste of; to understand; to have sense;
Sapphica
Sāpphĭcus, *a, um* : of or belonging to Sappho, Sapphic, Sappho
satis
sătĭs, *adv.* : enough, adequately; sufficiently; well enough, quite; fairly, pretty;
sĕro, *is, ere, seui, satum* : to sow, plant
săta, *orum, n.* : standing corn, crops
scilicet
scīlĭcĕt, *adv.* : one may know, certainly; of course;
scire
scis
scit
scĭo, *is, ire, sciui, scitum* : to know, understand;
scribendum
scribere
scrībo, *is, ere, scripsi, scriptum* : to write; to compose;
se
sĕ, *sui, pron. réfl.* : himself, herself, itself, themselves

secretus
sēcrētus, *a, um* : separate, apart (from);
private, secret; remote; hidden;
sēcerno, *is, ere, creui, cretum* : séparer,
distinguer
secum
sēcŭm, *pron. contr. sēcum = cum se* : suet;
tallow; hard animal fat; (sebum);
Sed
sĕd, *conj.* : but, but also; yet; however, but
in fact/truth; not to mention; yes but;
sedens
sĕdĕo, *es, ere, sedi, sessum* : to sit, remain;
to settle; to encamp;
sedes
sēdēs, *is, f.* : seat; home, residence;
settlement, habitation; chair;
sĕdĕo, *es, ere, sedi, sessum* : to sit, remain;
to settle; to encamp;
sēdo, *as, are* : to settle, allay; to restrain; to
calm down;
sedet
sĕdĕo, *es, ere, sedi, sessum* : to sit, remain;
to settle; to encamp;
sēdo, *as, are* : to settle, allay; to restrain; to
calm down;
semen
semine
sēmĕn, *inis, n.* : seed;
semper
sēmpĕr, *adv.* : always;
sene
sĕnēx, *senis, m.* : aged, old; [senior =>
Roman over];
sĕnēx, *sĕnis* : old, aged, advanced in years
senus, *a, um, cf. seni* : six each
sĕnĕo, *es, ēre, intr.* : to be old
senescit
sĕnēsco, *is, ere, senui* : to grow old; to
grow weak, be in a decline; to become
exhausted;
senex
sĕnēx, *senis, m.* : aged, old; [senior =>
Roman over];
sĕnēx, *sĕnis* : old, aged, advanced in years
sensus
sēntĭo, *is, ire, sensi, sensum* : to perceive,
feel, experience; to think, realize, see,
understand;
sēnsus, *us, m.* : feeling, sense;
sententias

sēntēntĭa, *ae, f.* : opinion, feeling, way of
thinking; thought, meaning,
sentence/period; purpose;
sentiat
sentit
sēntĭo, *is, ire, sensi, sensum* : to perceive,
feel, experience; to think, realize, see,
understand;
servisse
sērvĭo, *is, ire, ii ou iui, itum* : serve; be a
slave to; with DAT;
seu
sĕu, *conj. sub.* : or if; or; [sive ... sive =>
whether ... or, either ... or];
Si
sī, sĕī, *conj. sub.* : if
sic
sīc, sĕic, *adv.* : ainsi (... ut, ainsi que)
sicula
siculam
sīcŭla, *ae, f.* : a little dagger; slang for
penis
sicut
sīcŭt, *adv.* : as, just as; like; in same way;
as if; as it certainly is; as it were;
simul
sĭmŭl, sĕmŭl, *adv.* At the same time
sine
sĭnĕ, *prép. + abl.* : without; (sometimes
after object); lack;
sinu
sĭnus, *us, m.* : curved or bent surface;
bending, curve, fold; bosom, **lap**; bay;
sis
sit
sŭm, *es, esse, fui* : to be; to exist; (also used
to form verb perfect passive tenses) with
NOM PERF PPL
sive
sīvĕ, *(seu) conj.* : or if; or; [sive ... sive =>
whether ... or];
sodali
sŏdālĭs, *is, m.* : companion, associate, mate,
intimate, comrade, crony; accomplice,
conspirator;
sŏdālis, *e* : of companions, friendly,
companionable, sociable
sol
sōl, *solis, m.* : sun;

sola
sŏlŭm, *i, n.* : only/just/merely/barely/alone;
sŏlus, *a, um* : only, single; lonely; alone,
having no companion/friend/protector;
unique;
solaciolum
sŏlācĭŏlŭm, *i, n.* : small consolation; small
comfort
solacium
sŏlācĭŭm, *ii, n.* : - comfort, solace; relief in
sorrow/misfortune; source of
comfort/consolation;
solam
sŏlus, *a, um* : only, single; lonely; alone,
having no companion/friend/protector;
unique;
soles
sŏlĕo, *es, ere, solitus sum* : to be in the
habit of; to become accustomed to;
solet
sŏlĕo, *es, ere, solitus sum* : to be in the
habit of; to become accustomed to;
soluit
sŏlvo, *is, ere, ui, utum* : to loosen, release,
unbind, untie, free; to open; to set sail; to
scatter; to pay off/back;
solum
sŏlŭm, *i, n.* : only/just/merely/barely/alone;
solvere
sŏlvo, *is, ere, ui, utum* : to loosen, release,
unbind, untie, free; to open; to set sail; to
scatter; to pay off/back;
sonitu
sŏnĭtus, *us, m.* : noise, loud sound;
sŏno, *as, are, sonui, sonitum* : - to make a
noise/sound; speak/utter, emit sound; to be
spoken of (as); to express - to
echo/resound; to be heard, sound; to be
spoken of (as); to celebrate in speech;
spectat
spĕcto, *as, are* : to observe, watch, look at,
see; to test; to consider;
specula
speculae
spĕcŭla, *ae, f.* : a look-out, watch-tower
speraret
spĕro, *as, are* : to hope for; to trust; to look
forward to; to hope;
stella
stēlla, *ae, f.* : star; planet, heavenly body;
point of light in jewel; constellation; star

sterile
sterili
stĕrĭlĭs, *e* : barren, sterile; fruitless;
unprofitable, futile;
stĕrīlus, *a, um* : stérile
stultus
stūltus, *a, um* : foolish, stupid;
stūltus, *i, m.* : a fool
sua
sŭus, *a, um, adj. et pron.* : his/one's (own),
her (own), hers, its (own); (pl.) their (own),
theirs;
sŭum, *i, n.* : (et surtout pl. sua) son bien,
ses biens, leurs biens
suavius
sŭāvē, *cf. suauiter* : sweetly, agreeably,
pleasantly, delightfully
sŭāvĭs, *e* : agreeable, pleasant, gratifying,
sweet; charming, attractive;
sub
sŭb, *prép. + acc. / abl.* : under; up to, up
under, close to (of motion); until, before,
up to, about;
suffixa
sūffīgo, *is, ere, fixi, fixum* : to
fix/fasten/attach/affix (to top); to crucify; to
fix/insert below;
sui
suis
sŭus, *a, um, adj. et pron.* : his/one's (own),
her (own), hers, its (own); (pl.) their (own),
theirs;
sum
sŭm, *es, esse, fui* : to be; to exist; (also used
to form verb perfect passive tenses) with
NOM PERF PPL
summum
sūmmus, *a, um* : highest, the top of;
greatest; last; the end of;
sūmmum, *i, n.* : the top, surface; the
highest place, the head of the table, the
extremities
sūmmŭm, *adv.* : -I. at the utmost, farthest -
II. for the last time
sunt
sŭm, *es, esse, fui* : to be; to exist; (also used
to form verb perfect passive tenses) with
NOM PERF PPL

suo

suopte

sŭus, *a, um, adj. et pron.* : his/one's (own),
her (own), hers, its (own); (pl.) their (own),
theirs;

super

sŭpĕr, *prép.* + *acc.* / *abl.* : upon/on; over,
above, about; besides (space); during
(time); beyond (degree);

superare

sŭpĕro, *as, are* : to overcome, conquer; to
survive; to outdo; to surpass, be above,
have the upper hand;

supercilia

sŭpĕrcĭlĭŭm, *i, n.* : eyebrow; frown;
arrogance;

supposita

sūppōno, *is, ere, posui, positum* : to place
under; to substitute; to suppose;

surgere

surgite

sūrgo, *is, ere, surrexi, surrectum* : to rise,
lift; to grow;

sustulit

tŏllo, *is, tollere, sustuli, sublatum* : to lift,
raise; to destroy; to remove, steal; to
take/lift up/away;

sūffĕro, *fers, ferre, sustuli, -* : to bear,
endure, suffer;

suum

sŭus, *a, um, adj. et pron.* : his/one's (own),
her (own), hers, its (own); (pl.) their (own),
theirs;

tacita

tăcĕo, *es, ere, cui, citum* : to be silent; to
pass over in silence; to leave unmentioned,
be silent about something;

tăcĭtus, *a, um* : silent, secret;

tăcĭtum, *i, n.* : -I. a secret -II. silence

tactu

tactus

tāngo, *is, ere, tetigi, tactum* : to touch,
strike; to border on, influence; to mention;

tāctus, *us, m.* : touch, sense of touch;

tali

tālĭs, *e* : such; so great; so excellent; of
such kind;

Tam

tăm, *adv.* : so, so much (as); to such an
extent/degree; nevertheless, all the same;

tandem

tāndĕm, *adv.* : finally; at last, in the end;
after some time, eventually; at length;

tangit

tangunt

tāngo, *is, ere, tetigi, tactum* : to touch,
strike; to border on, influence; to mention;

tantum

tāntŭm, *adv.* : so much, so far; hardly,
only;

tāntus, *a, um* : of such size; so great, so
much; [tantus ... quantus => as much ... as];

te

tū, *tui, sing. pron.* : you (sing.);
thou/thine/thee/thy (PERS);
yourself/thyself (REFLEX);

tecum

tēcŭm, *pron. contr. tēcum* = with you

teguntur

tĕgo, *is, ere, texi, tectum* : to cover, protect;
to defend; to hide;

temere

tĕmĕrē, *adv.* : rashly, blindly;

tempore

tempus

tēmpŭs, *oris, n.* : time, condition, right
time; season, occasion; necessity;

tenera

tĕnĕr, *era, erum* : tender (age/food);
soft/delicate/gentle; young/immature;
weak/fragile/frail;

tenere

tĕnĕo, *es, ere, ui, tentum* : to hold; to
support;

tenero

tenerum

tĕnĕr, *era, erum* : tender (age/food);
soft/delicate/gentle; young/immature;
weak/fragile/frail;

tenet

tĕnĕo, *es, ere, ui, tentum* : to hold; to
support;

tenui

tĕnĕo, *es, ere, ui, tentum* : to hold; to
support;

tĕnŭĭs, *e* : thin, fine; delicate; slight,
slender; little, unimportant; weak, feeble;

tĕnŭe, *is, n.* : weak, trifling, insignificant,
mean, low

tenuis
tĕnŭĭs, *e* : thin, fine; delicate; slight,
slender; little, unimportant; weak, feeble;
tĕnŭe, *is, n.* : weak, trifling, insignificant,
mean, low
tenuit
tĕnĕo, *es, ere, ui, tentum* : to represent; to
support;
teque
tū, *tui, sing. pron.* : you (sing.);
thou/thine/thee/thy (PERS);
yourself/thyself (REFLEX);
tertia
tērtĭus, *a, um* : the third
tērtĭō, *as, are* : thirdly;
tetigit
tāngo, *is, ere, tetigi, tactum* : to touch,
strike; to border on, influence; to mention;
tibi
tū, *tui, sing. pron.* : you (sing.);
thou/thine/thee/thy (PERS);
yourself/thyself (REFLEX);
tigillo
tĭgĭllum, *i, n.* : A small piece of wood
tintinant
tintinat
tīntĭno, *as, are* : to make a ringing or
jangling sound;
tollat
tollit
tōllo, *is, tollere, sustuli, sublatum* : to lift,
raise; to destroy; to remove, steal; to
take/lift up/away;
torpet
tōrpĕo, *es, ere* : to be numb or lethargic; to
be struck motionless from fear;
tota
totum
tōtum, *i, n.* : all, the whole
tōtus, *a, um* : whole, all, entire, total,
complete; every part; all together/at once;
tradidit
tradita
trādo, *is, ere, didi, ditum* : to hand over,
surrender; to deliver; to bequeath; to relate;
tristis
trīstĭs, *e* : sad, sorrowful; gloomy;
trīste, *is, n.* : a sad thing
tu
tū, *tui, sing. pron.* : you (sing.);
thou/thine/thee/thy (PERS);
yourself/thyself (REFLEX);

tua
tuae
tŭus, *a, um* : your (sing.);
tui
tū, *tui, sing. pron.* : you (sing.);
thou/thine/thee/thy (PERS);
yourself/thyself (REFLEX);
tŭus, *a, um* : your (sing.);
tum
tŭm, *adv.* : moreover; (frequent in Cicero
and before; rare after);
tunicam
tŭnĭca, *ae, f.* : undergarment, shirt,tunic;
tuo
tuus
tŭus, *a, um* : your (sing.);

ubi
ŭbĭ, *adv. interr. ou rel.* : where, whereby;
ulmo
ūlmus, *i, f.* : elm tree;
umquam
ūmquăm, *adv.* : ever, at any time;
unam
ūnus, *a, um, sing.* : alone, a single/sole;
some, some one; only (pl.); one set of
(denoting entity);
unde
ūndĕ, *adv. interr. ou rel.* : from where,
whence, from what or which place; from
which; from whom;
Unguentum
ūngŭēntŭm, *i, n.* : oil, ointment;
ungui
ūngŭĭs, *is, m.* : nail, claw, talon;
ūngŭo, *is, ere, unxi, unctum* : to anoint/rub
(w/oil/unguent); to smear with oil/grease;
to dress (food w/oil); to add oil;
uno
ūnus, *a, um, sing.* : alone, a single/sole;
some, some one; only (pl.); one set of
(denoting entity);
urbe
urbes
urbs
ūrbs, *urbis, f.* : city; City of Rome;
ut
ŭt, ŭtŭt, *conj. sub. + ind. ou subj.* : to (+
subjunctive), in order that/to; how, as,
when, while; even if; that

utpote
ūtpŏtĕ, *adv.* : as, in as much as; namely; inasmuch as;

uvam
ūva, *ae, f.* : grape;

uxor

uxorem
ūxŏr, *oris, f.* : wife; [uxorem ducere => marry, bring home as wife];

vacuo

vacuus
văcŭus, *a, um* : empty, vacant, unoccupied; devoid of, free of;

vecordem
vēcŏrs, vāecŏrs, *cordis* : mad; frenzied;

vel
vĕl, *adv.* : or; [vel ... vel => either ... or];

velim

velle
vŏlo, *uis, uelle, uolui* : to wish, want, prefer; to be willing, will

veneres
vĕnŭs, *ĕris, f.* : Qualities that excite love, loveliness, attractiveness, beauty, grace, elegance, charms; - love, sexual activity/appetite/intercourse;

veni

veniat

veniet
vĕnĭo, *is, ire, ueni, uentum* : to come;

vento
vĕnĭo, *is, ire, ueni, uentum* : to come;
vēntus, *i, m.* : wind;

ventre
vēntĕr, *tris, m.* : stomach, womb; belly;

Venus
Vĕnŭs, *neris, f.* : - Venus, Roman goddess of sexual love and generation; planet Venus;
vĕnŭs, *ĕris, f.* : Qualities that excite love, loveliness, attractiveness, beauty, grace, elegance, charms; - love, sexual activity/appetite/intercourse; [~ tali => best dice throw];

venuste
vĕnūstĕ, *adv.* : with grace
vĕnūstus, *a, um* : attractive, charming, graceful, pretty, neat;

vera
vērus, *a, um* : true, real, genuine, actual; properly named; well founded; right, fair, proper;

verbo
vērbŭm, *i, n.* : word; proverb; [verba dare alicui => cheat/deceive someone];

Veronae

Veronam
Vērōna, *ae, f.* : City of Verona

veros
vērus, *a, um* : true, real, genuine, actual; properly named; well founded; right, fair, proper;

Verum
vērŭm, *conj.* : yes; in truth; certainly; truly, to be sure; however; (rare form, usu. vero); but
vērus, *a, um* : true, real, genuine, actual; properly named; well founded; right, fair, proper;

vesper
vēspĕr, *eri et eris, m.* : evening; evening star; west;

vestros
vēstĕr, *tra, trum* : your (pl.), of/belonging to/associated with you;

veterem
vĕtŭs, *eris* : old, aged, ancient; former; veteran, experienced; long standing, chronic;

viam
vĭa, *ae, f.* : way, road, street; journey;

victoria
vīctōrĭa, *ae, f.* : victory;

videat
vĭdĕo, *es, ere, uidi, uisum* : to see, look at; to consider; (PASS) to seem, seem good, appear, be seen;
Viden- Do you see? "videsne"

vident

Videsne

videtur

vidi
vĭdĕo, *es, ere, uidi, uisum* : to see, look at; to consider; (PASS) to seem, seem good, appear, be seen;

vidua
vĭdŭus, *a, um* : widowed, deprived of (with gen.); bereft; unmarried;
vĭdŭa, *ae, f.* : a widow

vigilat
vĭgĭlo, *as, are* : to remain awake, be awake; to watch; to provide for, care for by watching, be vigilant;

villam
vīlla, *ae, f.* : farm/country home/estate;
large country residence/seat, villa; village
(L+S);
vincemur
vincemus
vincere
vīnco, *is, ere, uici, uictum* : to conquer,
defeat, excel; to outlast; to succeed;
vino
vinum
vīnŭm, *i, n.* : wine;
violasse
vĭŏlo, *as, are* : to violate, dishonor; to
outrage;
vir
vĭr, *uiri, m.* : man; husband; hero; person of
courage, honor, and nobility;
virgine
vīrgō, *ginis, f.* : maiden, young woman, girl
of marriageable age; virgin, woman
sexually intact;
virgineam
vīrgĭnĕus, *a, um* : - virgin; of/appropriate
for marriageable age girls; unworked -
married (couple) when wife still girl; of
constellation Virgo; of aqua Virgo;
Virgines
vīrgō, *ginis, f.* : maiden, young woman, girl
of marriageable age; virgin, woman
sexually intact;
Virginitas
vīrgĭnĭtās, *atis, f.* : maidenhood; virginity;
being girl of marriageable age; being sworn
to celibacy;
virgo
vīrgō, *ginis, f.* : maiden, young woman, girl
of marriageable age; virgin, woman
sexually intact;
viri
viro
viros
virum

vĭr, *uiri, m.* : man; husband; hero; person of
courage, honor, and nobility;
vis
vŏlo, *uis, uelle, uolui* : to wish, want,
prefer; to be willing, will
vīs, *-, f.* : strength (bodily) (pl.), force,
power, might, violence; resources; large
body;
vĭa, *ae, f.* : way, road, street; journey;
visu
vīsus, *us, m.* : look, sight, appearance;
vision;
vitem
vītĭs, *is, f.* : vine; grape vine;
vitis
vīta, *ae, f.* : life, career, livelihood; mode of
life;
vĭtĭŭm, *ii, n.* : fault, vice, crime, sin; defect;
vītĭs, *is, f.* : vine; grape vine;
vix
vīx, *adv.* : hardly, scarcely, barely, only
just; with difficulty, not easily; reluctantly;
voce
vōx, *uocis, f.* : voice, tone, expression;
volo
volueris
voluisti
volumus
vŏlo, *uis, uelle, uolui* : to wish, want,
prefer; to be willing, will
vorabit
vŏro, *as, are* : dévorer
vulgi
vūlgus, vōlgus, *i, n.* : common
people/general public/multitude/common
herd/rabble/crowd/mob; flock;
zonam
zōna, *ae, f.* : - zone; woman's girdle; (tunic)
belt; money belt; climatic region;

ABOUT THE AUTHOR

Robert Amstutz is a Latin teacher in Tallahassee, Florida, who wants more people to speak, write, and read Latin. He is overly fond of good food.

Made in the USA
Middletown, DE
30 June 2020